Strade blu

NON FICTION

Pierluigi Battista

MIO PADRE
ERA FASCISTA

MONDADORI

www.librimondadori.it

Mio padre era fascista
di Pierluigi Battista
Collezione Strade blu

ISBN 978-88-04-66002-6

I edizione gennaio 2016
Anno 2016 - Ristampa 1 2 3 4 5 6 7

Indice

Mio padre era fascista

A mia madre.
E a Miriam, comunista,
che mi esortava a scriverlo

Cieca buona sorte. Atterrare nel mondo con ogni parte del corpo ben formata e al posto giusto, nascere da genitori amorevoli anziché malvagi, o sfuggire alla miseria e alla guerra in virtù di una combinazione geografica o sociale. E trovare perciò tanto più facile l'essere virtuosi.

IAN MCEWAN, *La ballata di Adam Henry*

Famiglia romana, con padre liberale e figlio maggiore comunista, minore fascista, zio prete, madre monarchica, figlia mantenuta: si sfidano tutti gli eventi.

ENNIO FLAIANO, *Frasario essenziale per passare inosservati in società*

I

«Tutto si è rotto»

Mio padre fascista repubblichino detestava Elio Vittorini. E quando seppe che mi sarei laureato in Letteratura italiana volle subito accertarsi, con una trepidazione per lui inusuale sulle mie cose di studio, che mai e poi mai avrei speso un solo minuto della mia vita universitaria per una tesi dedicata «a quel farabutto, a quel mascalzone». Io, per la verità, non ci pensavo proprio a Vittorini, che poi nemmeno mi piaceva questo granché. Ma lui era molto sconfortato a causa delle mie oramai inaffidabili e ostili acrobazie ideologiche, e temeva che fossi attratto da quel nome che per lui suonava, invece, come l'incarnazione stessa dello zelante voltagabbana capace di ogni infamia. Il prototipo del furbastro che, per salvarsi dal triste destino del reietto, si era divertito a bastonare i cani fascisti che già stavano affogando nella vergogna nazionale.

«Proprio lui», inveiva mio padre fascista, infuriato contro l'improbabile soggetto della mia tesi di laurea. Proprio lui, il «beneficiato dal regime», il cantore recidivo dello squadrismo violento e strapaesano, aveva avuto l'impudenza di ribattezzare «figli di stronza» i giovani della Repubblica sociale italiana che avevano combattuto per il fascismo, e non già quando il fascismo era all'apice del successo, non quando era conveniente servirlo e ossequiarlo, ma quando tutto era perduto. «Figli di stronza»: ma come si permetteva, quel vecchio arnese del Ventennio, che per darsi un tono di dissidente *ante litteram* si era «inventato la balla di essere un fascista di sinistra sotto choc per la guerra di Spagna». Mio padre non diceva mai parolacce davanti alla sua famiglia, ma con Vittorini faceva un'eccezione: «Figli di stronza noi? Ma brutto stronzo sarà lui!».

E proprio lui, il Vittorini «accumulatore di prebende mussoliniane, il nome riverito a libro paga del MinCulPop», così lo inquadrava furente mio padre, era stato ancora più spudorato da intitolare *Uomini e no* un suo libro sulla Resistenza. «Uomini loro e non uomini noi, questo parassita repellente. Con tutto quello che ha ottenuto dal fascismo ci tratta come se non fossimo neanche esseri umani, schifati come sottouomini, bestie senza dignità» imprecava, già allarmato dalle mie eventuali, tutt'altro che provate, infatuazioni vittoriniane. Dopo la morte di mio padre ho capito che, con questa distinzione orribile tra «uomini» e «non uomini», Vittorini era diventato il mostro morale dei «balilla che andarono a Salò» a cercar la bella morte. Con quel titolo, ha scritto oramai negli anni Novanta uno di loro, Carlo Mazzantini, Vittorini aveva infatti commesso il crimine morale e ideologico della «bestializzazione del nemico», della sua riduzione e degradazione ad animale spogliato di ogni diritto umano. Lo voleva espellere non solo dal consorzio civile dell'Italia postfascista, ma dalla stessa casa comune dell'umanità. «Figli di stronza», «non uomini» (come gli *Untermenschen* dei nazisti, glossava Mazzantini, inviperito ed esagerato esattamente come mio padre): un doppio escamotage miserabile, e solo per guadagnarsi una patente di verginità antifascista. Capisco la smisurata e scorrettissima avversione di mio padre fascista per lui. E comunque una tesi di laurea su Elio Vittorini, che già allora non ammiravo affatto a causa del suo imperdonabile abbaglio sul *Gattopardo*, liquidato come romanzo prolisso e «vecchiotto», e perché ancora nel '42, con la scusa della letteratura, bighellonava nella Germania hitleriana a fare convegni propagandistici con Goebbels, io non l'avrei mai scelta.

«Figli di stronza», proprio non lo poteva sopportare. Ma non c'era solo Vittorini, nel suo mirino. Mio padre era specialista di una controstoria clandestina di ispirazione fascista i cui sulfurei comandamenti, tra i miei dieci e tredici anni circa, cercò di instillarmi con ossessiva meticolosità pedagogica. Mentre, per dire, tutti esaltavano i coraggiosi ragazzi «con le magliette a strisce» che a Genova nel '60 avevano impedito l'onta di un congresso del Msi nel cuore di una città medaglia d'oro della Resistenza, la controimmagine fosca trasmessa da mio padre era invece quella dei terrificanti ganci da macellaio con cui i dimostranti, e soprattutto i portuali, avevano arpionato e squarciato le carni dei poveri poliziotti intervenuti a difesa delle vittime missine aggredite: e ancora adesso, con qualche stagione alle spalle, quando sento parlare del «luglio '60 a Genova», il mio istinto corre subito con un brivido a quei ganci che popolavano gli incubi di mio padre fascista e alimentavano il terrore di suo figlio più o meno dodicenne. Tutti dicevano «i sette fratelli Cervi» trucidati dai fascisti, ma mio padre ribatteva con «i sette fratelli Govoni» uccisi dai partigiani. Tutti celebravano le quattro giornate di Napoli, ma mio padre, puntigliosamente, ricordava che l'«*adda passà 'a nuttata*» di Eduardo De Filippo si riferiva all'orribile nottata del soldato che torna nella Napoli liberata dagli Alleati e la trova moralmente in disfacimento, con le sue donne costrette a prostituirsi ai «liberatori»: «Lo ha scritto pure quel voltagabbana di Malaparte». E mi voleva far vedere *La ciociara* (solo il film di Vittorio De Sica, però, perché mio padre fascista non leggeva i romanzi di Moravia per partito preso) per dimostrarmi come anche gli «antifascisti» fossero oramai costretti ad ammettere che i «liberatori marocchini» usavano violentare nelle chiese profanate, impuniti, le nostre ragazze e pure le nostre bambine.

Quella controstoria era la privatissima vendetta che mio padre fascista, sconfitto, «esule in Patria» come si intitola un libro di Marco Tarchi che non ha fatto in tempo a leggere, si era arrogato il diritto di consumare con, anzi contro l'Italia che l'aveva messo ai margini. Mio padre mi diceva che sarebbe bastato un decimo dei servigi resi con il fanatismo dei neofiti antifascisti alla Vittorini per cavarsela, rientrare nella corrente, emendarsi dall'errore di aver militato nella «parte sbagliata» durante la guerra civile: «sbagliata manco per sogno», chiosava però lui con la sfrontatezza ostentata dell'irriducibile. Che ci voleva? Mica chissà quali contorcimenti dolorosi. Sarebbe stato sufficiente un blando pentimento. Una mezza abiura. Un accettabile atto di sottomissione. Il moderato riconoscimento di un errore giovanile. L'avevano fatto in tanti, poteva farlo anche lui, in fondo. L'avevano fatto soprattutto quelli un po' più anziani di lui. Quelli che avevano attraversato, maturi e pasciuti, tutta la stagione del fascismo-regime. Che avevano docilmente, se non addirittura con entusiasmo, consegnato l'oro alla Patria, o che avevano giurato fedeltà al Duce in cambio di una cattedra universitaria. I «vecchi con gli stivali» presi di mira dalla penna di Vitaliano Brancati. Che ci voleva? L'argomento della gioventù sconsiderata e ingenua, poi, poteva essere un mezzo formidabile per autoassolversi, ma non se ne parlava neanche.

Ci sarebbe stata infatti una splendida frase che Italo Calvino fa dire al partigiano Kim e che si poteva agevolmente adoperare per giustificare o rinnegare una scelta rivelatasi tragicamente fallimentare: «Basta un nulla, un passo falso, un impennamento dell'anima e ci si trova dall'altra parte». E in effetti: mio padre fascista aveva appena compiuto diciott'anni quando, minorenne, costrinse mio nonno, fascista ma riluttante a donare la vita del suo primogenito alla Patria di Mussolini, a firmare il permesso per farlo partire volontario in guerra. Doveva ancora compierne ventuno quando, nel giro di pochissimi giorni, tornando tra mille vicissitudini da Salonicco dove indossava la divisa dell'esercito italiano, all'indomani dell'8 settembre optò («un nulla, un impennamento dell'anima») per la Repubblica sociale italiana. E ne aveva ventidue quando venne catturato e poi, dopo aver evitato per miracolo il plotone d'esecuzione, trascinato nel campo di internamento di Coltano, vicino Pisa, per inaugurare la sua nuova vita di reietto nell'Italia antifascista. Che ci voleva a dar tutta la colpa all'inesperienza e all'ingenuità?

A mio padre, tuttavia, quella frase di Calvino piaceva sì per la sua forza letteraria ma nient'affatto per il suo significato esistenziale, perché finiva per svilire la scelta del settembre del '43 come il frutto acerbo di una fatua sventatezza giovanile o, peggio, di uno sfortunato incidente di percorso: di un «passo falso», per dirla con chi infatti aveva scritto l'epopea resistenziale del *Sentiero dei nidi di ragno*, ma che lui non considerava affatto «falso». Rivendicava di aver abbracciato con entusiasmo una causa pericolosa in un'età della vita in cui suo figlio, cioè io, neanche riusciva a immaginare che il destino avrebbe potuto costringerlo a dilemmi morali e personali così vertiginosi: da quale parte andare a rischiare la morte? A che cosa valeva la pena sacrificare la propria vita, forse all'onore, alla libertà, alla rivoluzione, alla Patria, o a cos'altro?

A ventidue anni, quando la morte era all'ordine del giorno, mio padre aveva già fatto in tempo a rispondere in fretta, e in solitudine, a queste domande. Ad arruolarsi volontario, a fare una guerra italiana, a farne una civile, a perderla nell'ignominia, a rischiare la fucilazione, a vivere per qualche mese in un campo di concentramento che non raggiunse chissà quali vette di ferocia ma dove un suo coetaneo era stato pur sempre fulminato da una sventagliata di mitra per essersi avvicinato troppo al filo spinato di recinzione. A ventidue anni, coetaneo di mio padre a un po' di decenni di distanza, io invece non avevo ancora combinato niente di niente. E se oggi guardo chi ero a quell'età, devo ammettere con qualche rossore che il massimo dei miei tormenti politici di allora verteva su quale gruppo della sinistra extraparlamentare avrei potuto abbracciare per sentirmi più socialmente a mio agio. Ma mio padre fascista, a soli ventidue anni, un ragazzino, aveva già incontrato il bivio del destino che avrebbe condizionato tutti i suoi anni a venire, fino al momento della morte. Aveva messo in gioco la sua vita. Aveva voluto decidere da solo, stremato. Con l'Italia che si stava sfaldando, con una Nazione allo sbando, in poche settimane aveva scelto di militare «dall'altra parte». E adesso, dopo tutte quelle prove del fuoco, per salvarsi la reputazione avrebbe dovuto rinnegare se stesso dando tutta la colpa a una banale sventatezza giovanile?

Mio padre fascista era molto ostinato. Rabbiosamente ostinato. Un giorno mi disse che se lui avesse voluto, ragazzo di Bari con il gusto dell'avventura, rischiando un po' perché non era poi tanto facile evitare le squadre chiamate a far rispettare i bandi di arruolamento della Rsi, tuttavia avrebbe potuto tentare in quei giorni di ferro la carta salvifica della diserzione, scavalcare le linee e tornarsene nel Sud dove non infuriava più la guerra civile e gli Alleati avevano in pugno la situazione. Ma non l'ha voluto: «Capito? Potevo scappare a casa e invece ho scelto di stare con Mussolini». La sua vita sarebbe stata diversa per tutti i decenni a venire, e perciò anche la mia. E invece per tutto il resto della sua esistenza nell'Italia antifascista, dunque per quarantacinque anni – un'enormità, una vita intera – mio padre ha avuto ribrezzo per gli «imboscati», per gli attendisti, per quelli che non si erano schierati e avevano passato il tempo a fiutare l'aria che tirava nel periodo terribile compreso tra il settembre del '43 e l'aprile del '45. Per tutta la vita ha provato disgusto per loro.

Tanti anni dopo la fine della guerra civile, io e la mia famiglia abitavamo in una via borghese del quartiere Mazzini a Roma, e a pochi portoni di distanza c'era la casa di Ugo Pecchioli, un dirigente del Pci che quasi tutte le sere, al buio, elusa la sorveglianza della scorta che doveva proteggerlo dalle minacce brigatiste, usciva all'insaputa dei suoi angeli custodi per passeggiare con lo splendido pastore tedesco che aveva voluto chiamare Cris, come il suo nome di battaglia da partigiano. Mio padre, quando gli capitava di incrociarlo per strada, lo salutava con rispetto, ricambiato, e ci teneva a dirmelo: «È un nemico; in quegli anni, se avesse potuto, mi avrebbe passato per le armi, e io lo stesso con lui, ma è un uomo che ha saputo combattere e rischiare per le sue idee». I suoi veri nemici erano piuttosto gli italiani banderuole, quelli che come vigliacchi, appena giunto il momento per capire con esattezza e senza timore di sbagliare chi sarebbe salito sul trono a comandare, lo avevano umiliato nei giorni della sconfitta. Questo era il rovello di mio padre fascista. Ho dovuto attendere decenni prima di capirlo veramente. Prima di capire il perché di tanto astio esacerbato verso i «vigliacchi», molto più aspro di quello nutrito verso chi aveva combattuto militarmente contro di lui, mettendo in gioco la propria vita. Finalmente sono riuscito a capirlo con chiarezza solo dopo aver letto le pagine angoscianti di un diario trovato dopo la sua morte e che ha avuto il potere, con le sue parole sconvolgenti, di cambiare radicalmente la percezione che avevo sempre avuto di lui quando era vivo.

Contro questi italiani pavidi e meschini si scagliava la sua ostinata, testarda, ossessiva voglia di restare fino alla fine dei suoi giorni dalla parte dei vinti. Di coltivare una sua particolare e faziosissima controstoria. Di rispettare, per esempio, appositi rituali di mite, non violento, ma coriaceo ammutinamento durante le celebrazioni inscenate dall'Italia dei vincitori. E così ogni 25 aprile, per anni e anni, caparbiamente, meticolosamente, mio padre metteva la sveglia alla solita ora dei giorni di lavoro, beveva il suo solito caffè, si lavava con i soliti ritmi lenti che facevano infuriare mia madre, indossava come al solito giacca e cravatta, e il cappello se pioveva o faceva ancora freddo nelle primavere che stentavano a esplodere, impugnava la sua elegantissima borsa di cuoio rigonfia di carte e si recava a piedi al suo studio di avvocato non lontano da casa, come un giorno qualunque: «Oggi non ho nulla da festeggiare. Voi invece saltate la scuola, immagino». La saltavamo, certo. Era il giorno della Liberazione. Ma lui la chiamava «la Sconfitta». Per anni, dopo la rottura con mio padre, ho sentito come un obbligo polemicamente imprescindibile la partecipazione ai (noiosissimi) comizi del 25 aprile. Anche questa era una guerra: la guerra tra un padre fascista, che stavolta non voleva farla perché non si fa la guerra a chi ti è figlio, e il figlio in questione, cioè io, che per tradirlo decise di scatenargliela contro, e con il massimo fragore, proprio nel giorno che smuoveva i suoi ricordi più dolorosi. La Liberazione contro la Sconfitta. Oggi non credo proprio che la rifarei: era una ripicca, lo facevo per dispetto, per marcare il senso di una sfida. Non sono sicuro che sia stato giusto. Veramente non sono sicuro più di niente, di cosa sia giusto o sbagliato, in questa mia, in questa nostra storia di affetti e di politica mescolati insieme.

Mio padre erano due. C'era mio padre integrato. E c'era quello apocalittico. C'era il borghese tranquillo che osservava con orgoglio una sua rigorosa etica del lavoro. E c'era il fascista sconfitto e piagato che rimuginava senza sosta, nel suo foro interiore, risentimento e rabbia. C'era il conservatore e c'era il ribelle. C'era il professionista di successo, l'avvocato stimato nel mondo forense, che esibiva con fierezza la sua casa arredata con gusto tradizionale, la sua famiglia numerosa, i simboli del benessere. E c'era l'uomo intimamente devastato da una storia che lo aveva condannato, tormentato da un dolore indicibile, schiacciato da un'ombra pesante, mangiato dentro da un'ossessione che non lo abbandonava mai. C'era l'italiano solare, socievole, spiritoso, con un senso dell'umorismo che mi piace ricordare ancora arguto e sottile. E c'era un uomo, mio padre, divorato dal suo lato notturno, esacerbato, cupo, talvolta lugubre.

Io li ho conosciuti entrambi. Con quello gioviale e forte mi sentivo protetto e al sicuro, guidato, affidato in mani solide e insieme delicatamente premurose con me e con le persone a cui volevo e voglio bene. Con quello infettato da una ferita che non si sarebbe mai rimarginata mi sentivo invece prigioniero di un'angoscia infinita, perseguitato dagli spettri che infestavano la sua vita e, di conseguenza, la mia. Non so perché mio padre lo abbia fatto, e se lo abbia fatto solo con me o anche con le mie due sorelle e con mio fratello: non lo so, non gliel'ho mai chiesto, non ne abbiamo mai parlato. Ma attorno ai miei undici, dodici, tredici anni, è come se mio padre avesse deciso di condividere con me, e di esibirlo senza imbarazzo, il grande dolore che lo angustiava. E avesse deciso che anch'io avrei dovuto imparare, con la sofferenza se necessario, a nutrire la sua stessa ripugnanza per l'Italia «dei vincitori» e per gli italiani e le italiane che lo avevano vessato, messo al bando, sottoposto alle più umilianti angherie come preludio della sua morte civile. Del suo status di paria, di fascista colpevole di tutti i mali.

Ha scritto Carlo Mazzantini che nell'Italia antifascista si è deciso di ripetere con i giovanissimi fascisti che avevano combattuto nella Rsi ciò che nell'antica Grecia era consuetudine fare con i capri espiatori: «I greci caricavano su due uomini spregevoli (detti, per la loro funzione, *phármakoi*) tutte le impurità accumulatesi nella comunità in un anno; dopo aver fatto far loro il giro della città, li espellevano e li uccidevano». Ecco, se devo ricordare mio padre apocalittico, fascista sconfitto e mortificato, era come se avesse voluto addestrarmi a recitare insieme a lui la parte di chi caricava su di sé ogni impurità spregevole, da espellere dal cuore della città. Ma io non avevo nessuna intenzione di recitarla, quella parte. Non volevo essere espulso. Non volevo abbandonare il cuore pulsante della città per rinchiudermi nella cripta di un rancore che non avrei saputo come giustificare: solo perché mio padre aveva perduto così ingloriosamente dieci anni esatti prima che nascessi?

Perciò, appena ne ho avuto la possibilità, fresco adolescente, sono scappato e ho tradito mio padre fascista. Mi sono messo con i suoi nemici. Ho scelto la parte opposta alla sua. Volevo conciliarmi con l'Italia che lo aveva sradicato e spaccato in due metà, una interiore carica di tormenti e una esteriore ma entro i canoni della rispettabilità sociale. Che lo trattava, sì, come un cittadino normale quando era un borghese integrato, ma come un italiano di serie B quando, simbolicamente, lui si ostinava a indossare la camicia nera per sfidare l'Italia che non lo voleva più tra le sue braccia. Fu uno strappo doloroso. Ma io mi ribellai: non accettai di essere risucchiato nelle ombre che angustiavano mio padre. Non volevo essere il reduce lacero e sconfitto di una guerra che non avevo mai combattuto. Diventai, appena raggiunta l'età del liceo, il figlio antifascista e di sinistra di un padre fascista.

Ma perché allora aveva serbato per sé quel grande, per lui innominabile segreto? Perché mio padre, mentre mi (ci) ossessionava con i suoi ricordi, mentre mi voleva arruolare nella pattuglia disperata di chi era stato cacciato in un recinto infetto dall'Italia che aveva vinto contro di lui, mentre ricordava puntigliosamente ogni dettaglio della martirologia fascista, perché dunque, e ancora perché fino alla fine dei suoi giorni, ha voluto seppellire quegli appunti così importanti, così strazianti, così spietati? Che cosa c'era lì dentro di tanto sconvolgente e indicibile, che sapore amaro e intollerabile aveva quel diario, da tenerlo gelosamente segreto, nascosto con stratagemmi astuti per non farlo scoprire, fino al momento di lasciare questa terra?

Questa è la porta d'ingresso nella parte più dolorosa della sua storia, sicuramente quella per lui più difficile da trasmettere e comunicare. Appunti sparsi e rapsodici, un abbozzo di diario che era stato scritto in massima parte dall'aprile al settembre del '45, nel campo di Coltano, a pochi chilometri da Pisa, dove mio padre, catturato con la sua divisa di milite della Repubblica sociale italiana il 28 aprile («Non mi reggo in piedi. Hanno ammazzato il Duce. Viva il Duce!» è il suo grido di quel giorno per lui, ventiduenne, tanto infausto), fu rinchiuso insieme ad altri 35.000 prigionieri fascisti di Salò. Ho il sospetto che su quegli appunti mio padre sia intervenuto nel corso degli anni aggiustandoli, integrandoli, rimaneggiandoli, dando loro una forma meno frammentaria. Ma credo che questo particolare, forse rilevante sul piano filologico, non abbia alcuna importanza su quello morale e psicologico. L'importante, infatti, è che siano stati custoditi per tanto tempo come un grande enigma indecifrabile da una persona solitamente molto incline a raccontare le sue gesta di gioventù, ma stavolta con una riservatezza che si è dimostrata evidentemente molto efficace: nessuno, nemmeno mia madre, era riuscito a penetrare in quelle carte così piene di dolore.

E se mi chiedo dove sia racchiuso in questi appunti il grande segreto, il trauma che ha spezzato il rapporto tra mio padre ancora ventiduenne e l'Italia nel nome della quale era partito volontario in guerra solo pochi anni prima, penso che a far da baricentro emotivo non siano le pur furibonde sparatorie in Garfagnana prima della disfatta del 25 aprile, raccontate con precisione puntigliosa. Oppure, come peraltro sarebbe stato comprensibile, le durezze della prigionia, il caldo soffocante delle tende arroventate dall'estate, il filo spinato, le punizioni, la sete e la fame, il puzzo disgustoso delle latrine a cielo aperto, le angherie quotidiane quasi inevitabili in quei giorni di ira e di vendetta. No: il nucleo incandescente di questo diario è tutto condensato nel clima di umiliazione e di linciaggio in cui mio padre e i suoi camerati furono costretti a sfilare per raggiungere Coltano. Non dentro, ma ancora prima del suo ingresso nel campo di internamento. In una gogna terribile e inaspettata. Pochi ma decisivi chilometri di gogna, in catene, che hanno condizionato e avvelenato tanti anni di infelicità. Qui c'è il grande segreto. L'inconfessabile segreto che lo torturerà per sempre.

Ed eccola, la scena terribile che ci è stata rivelata da quel diario nascosto e su cui ho rimuginato per anni, colpito anch'io da un concentrato così tremendo di violenza emotiva. «È la fine» scriveva infatti mio padre in queste sue note celate al mondo nel buio di un suo cassetto appartato. «Sento di non essere padrone dei miei nervi. Ho l'impressione del vuoto e del buio. Tutto è finito. Tutto quello che avevamo sognato, tutto cade intorno a noi.» «Tutto» finito. «Tutto» cade. Quel «tutto» veniva ripetuto, sottolineato, maledetto. Lo stesso, orribile, disperato «tutto» evocato in quei giorni della disfatta da Mario Sironi, l'artista che aveva aderito alla Repubblica sociale e i cui scritti stavo leggendo proprio quando è stato trovato il diario di mio padre: «Tutto si è rotto» sospirava Sironi. «Tutto si è rotto», tutto precipitava nel momento della ferocia, nelle immagini destinate a fissare per sempre l'insanabile frattura che dividerà con un fossato incolmabile un prima e un dopo nell'esistenza di mio padre fascista: «Abbiamo contro non solo lo straniero tracotante ma anche buona parte del popolo italiano». In quelle note trapela l'angoscioso crescendo di umiliazioni che fece tracollare mio padre in un «tutto» fatto a pezzi, in un incubo da cui non riuscirà mai più ad affrancarsi. Scriveva: «Iniziano i maltrattamenti della popolazione, come se noi fossimo degli assassini e non dei combattenti». E poi: «Questa bastarda popolazione» intenta a corteggiare «gli stranieri che occupano ("liberano") il suolo della Patria, queste donne che gridano "canaglia di fascisti". Ci sono dei soldati che hanno sete e delle donne, delle mamme, si rifiutano di dare loro da bere. Ci sputano addosso, ci fanno dei cenni volgari, ci chiamano delinquenti e fino a ieri abbiamo rischiato la vita per loro! Non credo quasi a quello che vedo. Ora che nelle città entra il nemico è festa per tutti. È la vittoria degli imboscati e dei vili su coloro che hanno sofferto e combattuto. La plebaglia incosciente, camaleonte e servile: questo che noi chiamiamo popolo italiano. Prima di entrare nella tenuta di San Rossore la popolazione di Pisa e dintorni ci accoglie con un nutrito lancio di pietre e insulti vari».

Ogni parola ha il peso delle pietre che gli lanciavano addosso tra gli insulti. «Non credo quasi a quello che vedo»: è tutta qui l'espressione carica di sgomento per lo choc di quelle ore, di quella sfilata, di quel tunnel dell'orrore. Mio padre non stava parlando delle atrocità della guerra civile, orribilmente commesse anche, e questo avrebbe fatto sempre molta fatica a negarlo in tutti gli anni successivi, dalla parte nella quale aveva combattuto. E nemmeno degli strascichi vendicativi che una «guerra fratricida», lui la chiamava così, inevitabilmente trascina con sé, con tutto il suo tremendo contorno di orrori e di sadismo. «Non credo a quello che vedo» significava invece essere travolto psicologicamente, annichilito moralmente dai «maltrattamenti della popolazione», dagli sputi, dal lancio di sassi, dagli insulti, dai «cenni volgari», dalle donne che gridavano «canaglie» e «delinquenti». Addirittura dalle mamme che urlavano oscenità e che negavano l'acqua a ragazzi assetati, di un'età che era più o meno la stessa dei loro figli. Cosa può esserci di più umanamente dilaniante per un giovanissimo che aveva deciso di combattere una guerra già perduta per salvare l'«onore della Patria» di questo spettacolo di inarginabile odio corale, gridato senza freni da «questo che noi chiamiamo popolo italiano», contro la divisa strappata che porti ancora indosso, di donne che ti disprezzano, di quella che credevi la tua gente che ti dileggia quando sei in catene, oramai inerme, in balìa degli eventi e delle cupe esplosioni della rabbia?

Essere considerato un fantoccio nelle mani dei carnefici. Un servo dello straniero e dunque da sommergere di sputi. Un boia da far morire di sete, odiato dalle donne, schernito dalle mamme. Un sentimento di angoscia indicibile che ti mette in urto per sempre con la comunità di cui facevi parte e che ti ha scacciato dopo averti sottoposto alla gogna. Pensavi di combattere per l'«onore», e vieni trascinato nel disonore di un popolo che ti sputa in faccia, di donne che ti dimostrano tutta la loro repulsione. Una ferita purulenta che non si sanerà mai. Mai, nemmeno dopo decenni di vita pacifica, da avvocato di successo.

Non era la semplice sconfitta: tante volte nella storia ci sono persone e popoli che perdono le guerre e non per questo ti porti dietro il vituperio che si rovescia sul vinto. Ma perdere una guerra civile trascina con sé un sovrappiù di ferocia, un sentirsi estromesso dalla propria comunità. Non era il dolore della Repubblica sociale di Mussolini sbaragliata («È la fine»; «Tutto si è rotto»). Ma un senso angoscioso di solitudine. La percezione di una barriera insuperabile tra te e i tuoi connazionali che ti rifiutano e ti mettono al bando. E non le autorità, i comandi nemici, i combattenti dell'altra parte, bensì i civili, le donne, gli anziani, le mamme, il «popolo», la Nazione, l'Italia, la Patria. Si intreccia nelle pagine di questo diario il filo spinato che trasmette a mio padre la sensazione di essere segregato in uno spazio infrequentabile e inavvicinabile di appestati, bollato con un marchio d'infamia. Bandito dalla tua gente come se portassi cucita sulla pelle un'invisibile lettera scarlatta del disonore. È questo il baratro in cui è precipitato mio padre nei giorni fatali dell'aprile del '45. Ed è al ricordo di quei momenti così penosi e amari che mio padre fascista è rimasto incatenato per una vita. Diviso, scisso in due parti. Consumato da un dolore inestinguibile, fissato sulle pagine di un diario che doveva restare segreto fino alla fine.

E poi, ovvio, trasuda in quelle pagine il tormento della «disfatta», della «dissoluzione», dell'umiliazione in un campo di internamento gestito dagli americani in cui i secondini non nascondevano la loro ostilità per quei prigionieri così disprezzati dal loro stesso popolo. Ma, paragonato all'intensità emotiva dello sbigottimento di fronte alla gogna, tutto il resto è destinato a impallidire. Gli appunti di mio padre talvolta prendono addirittura un tono patetico e malinconico. I soldati che cantano, i battaglioni dispersi e smembrati che cercano una coesione oramai perduta, i camerati della trincea che si abbandonano ai ricordi, un classico nella letteratura dedicata alla prigionia dei militari: «A sera, sull'imbrunire, fra i reticolati si levano canti lenti e nostalgici, impetuosi e coinvolgenti: i bersaglieri della Divisione Italia cantano sulle note del loro passo di corsa, gli alpini della Divisione Monterosa scandiscono sulle rime semplici e solenni delle montagne d'Italia, i marò della San Marco e della Decima Mas innalzano gli inni al Mare, a quel Mare Nostrum che ora non è più tale, a quel mare che ora stringerà la nostra penisola in una morsa di acciaio e di servitù». Parole quasi ingenue, intrise di una retorica che il sapore della sconfitta rende appena meno melensa. E colpisce anche che in un diario tanto triste non vi sia il minimo cenno al trattamento crudele che nei paraggi di quello stesso campo gestito dagli americani venne inflitto, con uno spirito di rappresaglia brutale, a Ezra Pound, il «traditore» oramai sessantenne a cui gli Stati Uniti non perdonavano di essere passato con il nemico fascista. Il grande poeta diventato propagandista di Mussolini, prelevato senza compassione da Rapallo, ammanettato e trasferito lì, dove troverà l'ispirazione per i suoi *Canti pisani*.

Questi particolari su Pound mio padre me li ha raccontati solo dopo, e quasi con un senso di vergogna, perché quel poeta, non molto distante dagli italiani prigionieri, aveva subìto vessazioni molto più atroci di quelle patite da lui e dagli altri militari fascisti. Loro cuocevano nel bollore di tende e baracche esposte al sole, litigavano per un pezzo di pane, venivano malmenati se si fossero avvicinati troppo al reticolato. Ma mio padre faceva una certa fatica ad aggiungere che i rigori estremi della prigionia cui venivano sottoposti erano poca cosa a confronto della tortura subita da Pound. Il quale fu segregato in una gabbia all'aperto riservata ai detenuti ufficialmente bollati come «incorreggibili», larga un metro e ottanta per due metri di altezza, solo parzialmente coperta da una grata di ferro che si arroventava per il caldo torrido e non offriva alcun riparo quando scoppiava un temporale: «Come una bestia da zoo, sparuto e rabbioso» scriverà Truman Capote in un affettuoso ritratto dedicato a Ezra Pound. Il suo isolamento doveva essere totale e inesorabile. Nessun altro prigioniero poteva rivolgergli la parola. Non gli era consentito di uscire dalla gabbia neppure per brevi intervalli. Aveva diritto solo a un bugliolo e a due coperte, e niente che assomigliasse a un materasso, a un giaciglio, a una branda: solo la nuda terra, caldissima di giorno e umida la notte. Mentre gli altri prigionieri stavano nelle tende, un faro sempre acceso lo abbagliava impedendogli il sonno. Ovviamente non poteva disporre di quaderni, matite, penne o libri, a eccezione, chissà perché, di un volume su Confucio e di un dizionario cinese.

Una notte, travolto da una crisi incontrollabile di panico, Pound fu trasferito d'urgenza nella tenda dell'infermeria. I *Canti pisani* furono concepiti in quel rifugio di fortuna, poi messi a punto durante i tredici anni di reclusione presso l'ospedale psichiatrico di St. Elizabeth negli Stati Uniti. Lo trattarono come un pazzo, e tra i sintomi della sua follia vennero incluse anche le urla di disperazione di quando era andato fuori di testa nella gabbia degli «incorreggibili» del campo accanto a quello dove erano stati rinchiusi i fascisti italiani. Mio padre mi chiedeva se fosse da considerarsi civile e giusta, degna di una Nazione democratica, la tortura della «gabbia del gorilla» vicino a Pisa e la reclusione prolungata di un poeta in un manicomio solo perché era stato fascista e aveva speso buone parole per Mussolini. Anche se per spirito di contraddizione avrei voluto reagire diversamente, la mia risposta non poteva che essere no, che non era civile, né giusta, né degna di una Nazione democratica, e pure se Pound non fosse stato un poeta, pure se non si fosse limitato a fare propaganda per le radio fasciste e a centrare la soglia della tentazione antisemita nella sua crociata contro i banchieri «usurai». Pure se avesse impugnato le armi: la gabbia della tortura e tredici anni di manicomio per chi dissente erano una vergogna, comunque.

Però avrei tanto voluto chiedere io, a mio padre fascista, dettagli ulteriori, sensazioni ancora più precise, pensieri anche inconfessabili suscitati da quelle scene raccontate con tanto turbamento nelle pagine del suo diario inedito nascoste per tutta la vita. Avrei potuto anche infierire, chiedendogli se davvero lui non pensasse che ci fosse qualche ragione per quelle esplosioni di odio fratricida. Se in quei mesi non fosse accaduto qualcosa di irreparabile, se quelli della Rsi non si fossero comportati davvero male per sentirsi disprezzati così, come malfattori da linciare e nemici dell'Italia. Ebbi con lui scontri durissimi su tutto il resto, ma quelle domande non ho avuto la possibilità di fargliele perché il suo segreto era stato custodito con tanta minuziosa cura. Quel diario, peraltro, si concludeva così: «Siamo un popolo che non può più chiamarsi tale, siamo ai margini della vita altrui, dipendenti e schiavi, pronti a cercare il tozzo di pane per sfamarci sotto il piede straniero. Povera, santa Italia nostra». Ma questa era la solita invettiva, la solita retorica, la solita imprecazione. Non mi serviva questo. Non era la risposta alle domande che avrei voluto fargli.

Insieme alla domanda fondamentale: ma lui ci ha tenuto nascoste quelle pagine perché si sentiva schiacciato da un insostenibile senso di vergogna per le italiane che gli sputavano addosso anziché soccorrerlo pietosamente con l'acqua? Oppure perché, al contrario, voleva con premura paterna proteggere noi da immagini tanto forti, così forti da superare ogni altra immagine tetra della sconfitta che pure usava ammannirci con (eccessiva) generosità? Il fatto che lui, di tanto in tanto, magari durante un lungo viaggio con le mani sul volante, quando era immerso nei suoi rimpianti e nei suoi pensieri, quando sembrava divorato da una malinconia senza confini, intonasse le prime strofe di una nota canzone dei fascisti della Rsi, mi fa pensare che quella delle donne che si avventavano contro i prigionieri in catene sia stata l'immagine clou, l'apice delle sensazioni disperanti da lui vissute in quei giorni.

Diceva quella canzone canticchiata da mio padre immusonito e oramai famosissima, scritta da Mario Castellacci: «Le donne non ci vogliono più bene / perché portiamo la camicia nera. / Hanno detto che siamo da catene, / hanno detto che siamo da galera». Se era più combattivo del solito, mio padre non disdegnava il confronto con il destino tutto rose e fiori e baci dei partigiani vincitori, accolti con ben altro entusiasmo dalle donne italiane. La fierezza ostentata e confortata dal successo di «Ogni contrada è patria del ribelle / ogni donna a lui dona un sospir», e la festosità trionfante di quel ritmato «Bella ciao, bella ciao, bella ciao ciao ciao». Se invece era più incline al vittimismo autoindulgente e autoconsolatorio, allora mio padre proseguiva con le strofe successive di quella canzone del fascismo crepuscolare, meno conosciute, ma che spiegano molto bene quale fosse lo spirito con cui il ripudio delle donne era spavaldamente rivendicato dai fascisti votati alla sconfitta: «L'amore coi fascisti non conviene: / meglio un vigliacco che non ha bandiera, / uno che non ha sangue nelle vene / uno che serberà la pelle intera»; «La signora Morte fa la civetta ... facciamole la corte»; «Lasciamo le altre donne agli imboscati». «L'amore coi fascisti non conviene», dunque: troppo facile nel suo palese vittimismo recriminatorio, troppo autocelebrativo, troppo risentito, troppo puerilmente manicheo. Troppo falso, anche.

Ma perché mio padre, anche a tanti anni di distanza, cantava infatti queste canzoni come se fossero la proiezione esatta della sua vita reale, mentre la vita reale era tutta diversa da quelle strofe cariche di rancore? «Le donne non ci vogliono più bene», ma come sarebbe a dire? Se mia madre a vent'anni aveva sfidato le ire dei suoi genitori, e in un'epoca in cui una ragazza di vent'anni non aveva molta libertà, in un'epoca di guerra, di pericoli, di morte sempre in agguato; se mia madre, la sua futura moglie, ragazza bellissima, studentessa di giurisprudenza che voleva fare l'avvocato come lui, lo ha poi raggiunto avventurosamente fino a Salò cercando di stargli vicino, sfidando il destino avverso, scegliendo proprio lui che aveva la «camicia nera», e non un altro «che serberà la pelle intera», perché allora borbottava lamentoso e acrimonioso che «l'amore coi fascisti non conviene»? Perché, dopo tanti anni, ripeteva con spirito di rivalsa questa immagine orribile della Morte cui «fare la corte»? Sarebbe stato meglio se mio padre non avesse ceduto così di frequente al suo lato apocalittico. Se fosse stato, si può dire?, più riconoscente con sua moglie, con mia madre, con nostra madre. Facendo parlare l'altro se stesso, più riconciliato con il mondo. Non facendosi opprimere dalle immagini terribili della gogna che lo avevano stravolto per sempre. Non soffrendo continuamente. Non facendoci soffrire. Lo poteva fare, quando voleva. Lo sapeva fare, ma troppo spesso era più forte di lui.

II
«Guarda!»

Io, il fascismo, l'ho conosciuto andando in macchina, e mio padre era l'autista che mi faceva da cicerone. Non potevo guidare, mi mancavano ancora un po' di anni per la patente, ma ero un impeccabile compagno di viaggio, attentissimo ai segnali stradali, ai cartelli, agli svincoli, alle frecce che indicavano le direzioni da prendere. «Ecco, per Littoria di qui» diceva lui. «Ma no, papà, guarda: sul cartello c'è scritto Latina.» «Tranquillo, è Littoria; Latina l'hanno messa i vincitori, dopo.» Avrei dovuto immaginarlo. La risposta era sempre la stessa, ma ci cascavo ogni volta. «Ecco via dell'Impero» mi diceva per esempio imboccando, dopo doverosa seppur fugace sosta per l'ammirazione del celebre balcone, la grande arteria che da piazza Venezia andava verso il Colosseo. «Veramente, la professoressa che ci ha portato in visita la scorsa settimana l'ha chiamata via dei Fori Imperiali» provavo timidamente a interloquire. «Tranquillo, è via dell'Impero, il nome della tua professoressa l'hanno messo i vincitori, dopo.» Sempre «dopo», diceva. Sempre «i vincitori».

«Dopo» era l'Italia postfascista e antifascista che vivevamo «adesso». Lui, mio padre fascista, mi voleva portare invece in pellegrinaggio – il fascismo in macchina, appunto – tra le splendide vestigia del «prima». Non credo per un progetto di banale indottrinamento. Per forgiare attraverso di me un piccolo balilla tardivo. No, la sua missione era, immagino ora, quella di trasmettermi il gusto dell'esplorazione tra i ruderi di una civiltà sepolta, la ricerca curiosa e appassionata delle tracce di una gloria che era andata svanendo nella mediocrità del presente. E così «via dei Fori Imperiali» era il grigio adesso, ma «via dell'Impero» il luminoso passato. «Latina» era solo una città del basso Lazio come tante altre, ma «Littoria» era la città gloriosa costruita dal nulla e voluta dall'Uomo della Provvidenza, che soltanto «dopo» gli italiani ingrati avevano appeso a testa in giù. Era come se mio padre fascista, con questi vagabondaggi automobilistici, mi invitasse a strappare il velo dell'abitudine, diciamo pure dell'Italia normale, e a scoprire il prezioso lascito dell'epoca che stupidamente non piaceva più a quell'Italia normale, ma piaceva ancora tantissimo, e fanaticamente, a lui, cioè a un assoluto anormale nell'Italia antifascista. L'età dell'oro in cui era cresciuto lui. In nome della quale lui, insieme a quelli che le avevano buscate nel '45, aveva combattuto senza speranza.

Mio padre erano due e, come per una materializzazione in marmo e in pietra di quella frattura interiore, molte cose attorno a mio padre, e dunque attorno a me, si modellavano su quella duplicità e subivano lo stesso processo di sdoppiamento. Per dire, la destinazione del nostro viaggio nei pressi di Littoria-Latina poteva essere sì Sabaudia, ma non quella delle dune e del mare, che poi era la Sabaudia di tutti quelli che ne godevano spensieratamente, beati loro. No, era l'altra Sabaudia, la piccola città fascista cui dovevamo rendere omaggio, la torre civica («Guarda!») che mio padre giudicava un capolavoro architettonico, la squadrata purezza geometrica del suo profilo urbanistico e dei suoi edifici pubblici, la forma regolare della piazza: «regolare», gli piaceva sempre molto. Tra l'altro era la Sabaudia immersa nelle bellezze e nell'atmosfera finalmente salubre dell'Agro Pontino, il cui nome veniva da mio padre fascista immancabilmente accompagnato dalla sempre ribadita notazione storico-mitologica: «bonificato dal Duce», ovviamente.

Oppure, ma dappertutto era così, c'era Firenze, o meglio, le due Firenze, perché lo sdoppiamento era legge implacabile («regolare») ovunque ci fossero segni architettonici del regime del «prima». Quale padre, una volta percorsi gli itinerari turistici più frequentati, il Duomo, gli Uffizi, Ponte Vecchio, piazza della Signoria, avrebbe condotto con entusiasmo i suoi familiari già sopraffatti da tanta arte e tanta bellezza alla volta della stazione ferroviaria di Santa Maria Novella? E non, banalmente, per prendere il treno come tutti, ma per ammirare «l'altra» stazione, quella sconosciuta ai turisti distratti, quella costruita in epoca fascista su progetto dell'architetto Giovanni Michelucci? Diceva mio padre che già Margherita Sarfatti, l'amante e la musa artistica di Mussolini prima di essere brutalmente ripudiata ed esiliata perché ebrea, ammirasse nella pianta di quella stazione l'inequivocabile forma di un fascio littorio. Si ripromise perciò di farmi vedere, tornati a casa, la foto scattata dall'alto che avrebbe confermato quella congettura. La promessa non è mai stata mantenuta, e ciò ha rafforzato successivamente in me il sospetto che questa della stazione di Firenze a forma di fascio littorio non fosse che una delle tante leggende destinate a gonfiarsi nell'aria chiusa e catacombale del mondo dei vinti. E, del resto, scoprii da solo negli anni a venire che proprio l'ebrea Sarfatti era stata mandata in esilio dopo le leggi razziali (razziste, meglio). Mio padre, spesso reticente sui dettagli imbarazzanti, aveva tenuto per sé questo orribile particolare.

Questo continuo sdoppiarsi dei luoghi, queste visite nel passato mimetizzato nel presente, questo incessante confronto tra lo splendore del «prima» e lo squallore del «dopo», era destinato a procurare a un incolpevole ragazzino pressoché dodicenne molti svantaggi e qualche vantaggio. Lo svantaggio maggiore è che, al tempo, mi sembrava una vera tortura, un atto di sopraffazione da parte di un adulto nei confronti del suo scalpitante figliolo, l'instancabile e un po' ossessivo trascinarmi di mio padre fascista nei suoi giri barbosamente nostalgici, facendomi spesso rinunciare a qualche partitella domenicale nel campetto dietro la chiesa di Cristo Re, peraltro progettata, ma questo allora non lo sapevo e secondo me non lo sapeva nemmeno lui, proprio dal superfascista architetto Marcello Piacentini: «il grande Sventratore», come sarà ribattezzato dagli architetti del postfascismo. Invece il vantaggio, direi l'unico vantaggio, di aver avuto un padre fascista che ti portava in giro per farti ammirare le (a suo dire) strabilianti meraviglie architettoniche del trascorso Ventennio, è che poi non hai bisogno di aspettare le tardive revisioni e riabilitazioni decretate da chi decide di volta in volta ciò che è bello e ciò che è brutto, ciò che è morale e ciò che non lo è. Dopo averne detto tutto il male possibile, ripudiandoli come monumenti esteticamente indecorosi della più infame delle dittature, si sono infatti accorti, decenni più in là, che quella trascurata piazza anni Venti era in realtà un gioiellino dell'architettura, che quel palazzo anni Trenta era all'avanguardia, che quell'affresco misconosciuto era stato troppo a lungo sottovalutato nell'Italia antifascista. Che l'architetto Adalberto Libera era un genio, e pure i suoi colleghi Moretti, Del Debbio, Michelucci, Piacentini e tanti altri. Ma io, grazie ai tour coatti con mio padre fascista, non avevo bisogno di tutte quelle giravolte. Ecco il vantaggio, l'unico però: io lo sapevo già.

Tutto era sdoppiato, perché quelle architetture del passato non erano musei a cielo aperto come la Roma dei Cesari e dei Papi, rovine antiche o capolavori del Barocco da ammirare senza toccare, tracce inerti di una civiltà morta, ma rivivevano nell'uso quotidiano che tutti noi italiani del «dopo», e abitanti a Roma in particolare, facevamo di quegli stessi spazi, di quegli edifici, di quelle strade. Perciò, in quei pellegrinaggi mi toccava rivedere i luoghi che frequentavo abitualmente, ma come trasfigurati in reperti di un glorioso regime, scioccamente diffamato e desacralizzato dai «vincitori». Il Foro Italico, per esempio. Io sapevo tutto del Foro Italico, perché le nostre madri ci portavano al Bar del Tennis e prendevano il gelato chiacchierando sedute ai tavolini che scricchiolavano sulla ghiaia, mentre io e i miei amici giocavamo a nascondino tra le siepi accuratamente tosate. E poi c'era lo Stadio Olimpico, immerso in quel Foro Italico, dove mio padre regolarmente mi portava a vedere le partite, anche se lui, come mio fratello, era della Roma e io invece della Juventus («Ti perdono, pure Almirante è juventino»). Poi lui, barese trapiantato nella Capitale e quindi sentimentalmente poco attaccato ai colori della città, smise improvvisamente di tifare giallorosso solo perché la Roma di Ciccio Cordova e dei «palazzinari rossi», così li chiamava ricalcando gli stilemi della pubblicistica di destra di allora, si era permessa di prender parte a una Festa dell'Unità. E quindi alle partite ho continuato ad andarci senza di lui, dandomi però appuntamento con gli amici, come tutti i miei concittadini, nei pressi di quello strano monumento a sfera a due passi dallo stadio che tutti chiamavano e continuano a chiamare la «Palla»: «Ci vediamo alla Palla».

Ma questa era la versione profana di quei luoghi. Era la dozzinale «Palla». Era il tifo sguaiato delle curve. Era dove si andava a nuotare in piscina, a giocare a tennis, a fare atletica leggera nello Stadio dei Marmi, a muoversi con i pattini a rotelle sui vialoni malamente asfaltati. Era il Foro Italico. Nelle rituali visite cui mi costringeva mio padre, invece, il Foro Italico si smaterializzava, si risacralizzava e ridiventava, come per magia, Foro Mussolini

(«Italico l'hanno messo i vincitori, dopo»). Tutta un'altra musica, altro che la «Palla», anche se i luoghi erano fisicamente gli stessi.

Quegli edifici sacri del Foro Mussolini, monumenti del «prima» ripudiati dai vincitori, erano stati voluti, mi spiegava mio padre con fierezza, dall'Opera nazionale balilla. E infatti «Guarda!», mi intimava indicando l'obelisco in marmo di Carrara (un po' ingrigito dal tempo), che pure io conoscevo benissimo per via delle mie frequentazioni profane. «Ma guardo che cosa? L'ho visto mille volte.» «No, testone, guarda la scritta: "Mussolini Dux", questa i vincitori non hanno avuto il coraggio di graffiarla via.» E poi era un continuo, implacabile «Guarda!». «Guarda» una sessantina di statue di aitanti atleti ignudi a circondare lo Stadio dei Marmi («altro che Leni Riefenstahl»); «guarda» il Palazzo dell'Accademia Fascista di Educazione Fisica di Enrico Del Debbio, che nel frattempo era diventato la sede del Coni; oppure il Palazzo dell'Accademia di Musica. «Guarda» il piazzale pavimentato con i fasci littori e i parallelepipedi ai lati, con i disegni che celebravano enfaticamente la «Proclamazione dell'Impero» o la «Marcia su Roma»; i mosaici a sfondo atletico (lotta, giavellotto, pugilato, tuffatori, eccetera) che decoravano le pareti della piscina coperta progettata da Luigi Moretti.

C'era anche, poco più in là, la Farnesina da «guardare». Ma mio padre capiva che sarebbe stato chiedermi troppo mentre il mio livello di attenzione stava scemando visibilmente di minuto in minuto, e dunque bonariamente soprassedeva. Bastava tuttavia che sapessi chi era stato, e quando, a metter su quel grande palazzo. Il fascismo, ovviamente: che lo aveva costruito appositamente per dare una grandiosa sede al Partito nazionale fascista, dopo aver rinunciato all'edificazione di un immenso complesso che su via dell'Impero avrebbe dovuto rivaleggiare addirittura con il

Colosseo. Adesso quel palazzo ospitava il ministero degli Esteri dell'Italia «nata dalla Resistenza», come diceva con tono marcatamente irridente per fare il verso ai portabandiera ufficiali di questa Italia che non gli piaceva. Come se il solo fatto di poter vantare un ministero degli Esteri potesse rientrare, persino questo, tra i luminosi meriti del fascismo misconosciuti dall'Italia «nata dalla Resistenza».

Malgrado gli innumerevoli e imperiosi «Guarda!», tuttavia, la mia ammirazione era destinata a riversarsi pressoché esclusivamente, profanamente, su tutti quegli impianti per l'atletica leggera, il tennis, la scherma, il nuoto, insomma per gli sport che mi piacevano, lasciando molto sullo sfondo, in quanto a adesione emotiva, i pur valentissimi architetti che ne avevano reso possibile la pratica grazie agli alacri picconi messi all'opera dal Duce. D'accordo, la costruzione era avvenuta nell'èra del «prima», nel passato luminoso pieno di statue e mosaici contrapposto a un presente incolore. Ma la fantasia di un undicenne totalmente digiuno di storia e di politica stentava ad accendersi nella contemplazione del regime che tanto appassionava mio padre. Ero immerso nel presente desacralizzato. Ero troppo contaminato dalla mentalità dei «vincitori», avrebbe forse detto mio padre se avesse captato i miei pensieri più segreti. Ma vivendo a Roma, e tendendo a volgarizzare infantilmente i fasti di un ventennio che non avevo mai conosciuto, era naturale che, conclusa la tappa del Foro Mussolini, pure nel pellegrinaggio di rito a Cinecittà io fossi ipnotizzato più dagli studi da cui sarebbero usciti i film meravigliosi della mia vita che non dal regime amato da mio padre, il cui Capo aveva deciso di tirar su proprio quegli stabilimenti nel cuore degli anni Trenta.

Cinecittà metteva allegria. Era il cinema, una cosa viva. Padiglioni, macchinari, fondali che divoravo avidamente con lo sguardo, contento e fiero che mio padre avesse provveduto a tutti i permessi necessari per entrare in quel tempio. Archeologia fascista? Davvero non me ne importava nulla. Il nome di Gino Peressutti, l'architetto che aveva costruito quella città del cinema seguendo alla lettera le indicazioni mussoliniane, evocava solo una figura del passato, che dimenticavo subito. Sembrava che persino mio padre, dentro Cinecittà, fosse più sciolto e allegro, fino al punto di permettersi l'irriverenza di una goffa caricatura del Duce quando proclamava stentoreo: «La cinematografia è l'arma più forte». Stavolta non mi diceva «Guarda!», perché già ero febbrilmente intento a guardarmi in giro per cercare qualche volto conosciuto, un regista famoso, un attore celebre, una bella attrice, la scenografia di un vecchio film da riconoscere, la fedele riproduzione di qualche villaggio del Far West, persino una comparsa, un figurante, un trasteverino vestito da antico romano, chiunque, un macchinista, un fonico, anche se la gran parte degli *studios* della Hollywood sul Tevere era, già in quegli anni in cui il cinema non era tanto in crisi, desolatamente vuota.

Non me ne importava nulla dell'«arma più forte», di Mussolini e delle sue trovate urbanistiche. Volevo solo il set di un film per raccontarlo agli amici e per procurarmi qualche autografo. E a Cinecittà, la pedagogia fascista attraverso l'arma dell'architettura non riuscì a dare i frutti sperati. Il nesso tra Cinecittà e il fascismo si era già completamente dissolto, nella mia testa, ma soprattutto in quella dei miei contemporanei. E negli anni successivi sarebbe stato ancora peggio. Mio padre già non c'era più, e una volta che in una riunione del giornale saltò fuori la parola «Cinecittà», un ragazzo molto giovane disse che la conosceva, certo: era il nome di una stazione lontana della metro A quella subito dopo la fermata Subaugusta e subito prima della fermata Anagnina. E, stavolta, non era colpa dei «vincitori».

E «Guarda!» non aveva funzionato nemmeno all'Eur, un gioiello del passato regime che solo la guerra perduta, mi raccontava mio padre con pazienza didattica, ne aveva interrotto l'integrale edificazione, impedendo così all'Italia di centrare l'onorevole traguardo che avrebbe fatto schiattare d'invidia tutto il mondo. Una meta fascisticamente obbligata che mio padre mi descriveva rapito, durante il tragitto di avvicinamento, lodando l'ambizione mussoliniana di saldare Roma con il suo mare attraverso una strada, quella che appunto stavamo cominciando a percorrere, destinata a compiere il destino storico che spettava alla nostra Nazione. Una Nazione che purtroppo, aggiungeva con rimpianto e disappunto, aveva ripudiato se stessa abdicando a quella missione entusiasmante. E che si era miserabilmente accontentata, priva oramai di ambizioni e senza la bussola di un grandioso Destino, di costruire nei paraggi del nostro glorioso mare, vicino a Ostia, Casal Palocco (per i «nuovi ricchi», deplorava con una punta di disgusto). A me, però, l'Eur non piaceva per niente, allora. Né mi sarebbe piaciuto dopo. Tutti «Guarda!» sprecati.

Mio padre mi indicava («Guarda!») il Palazzo dei Congressi, quello delle Forze armate, quello delle Milizie, quello delle Corporazioni, quello che ospitava l'Archivio centrale dello Stato. Ma soprattutto il Palazzo della Civiltà italiana, il «Colosseo quadrato», venerato con la stessa ammirazione di un turista abbagliato dal Colosseo vero: «Guarda, ma guarda!». E ricordo con una certa tenerezza i suoi maldestri e ripetuti tentativi, chissà perché sempre infruttuosi, di portarmi con l'automobile in qualche punto da dove avrei potuto decifrare con orgoglio italiano la storica frase scolpita lassù, in alto in alto, su una delle facciate di quel palazzo, in stampatello, disposta su tre righe: «Un popolo di poeti di artisti di eroi / di santi di pensatori di scienziati / di navigatori di trasmigratori».

Ma niente da fare: l'Eur non mi prendeva. La mia sensibilità di ragazzino ignorante lo trovava già molto freddo, scostante, rarefatto. Gli stessi difetti che invece, capii anni dopo, venivano esaltati come straordinarie qualità estetiche da tutti quegli adulti colti e pensosi che ne apprezzavano, a cominciare da Federico Fellini, l'atmosfera vagamente onirico-metafisica, fino a farne una delle location cinematografiche più ricercate. E se già allora tutta quell'esaltazione di colonne, archi e romanità non mi faceva impazzire, poi, negli anni successivi, i luoghi sacri del regime saranno da me ripetutamente profanati da un uso davvero poco imperiale. Nel mio cuore e nei miei ricordi l'Eur resterà per sempre, indelebilmente, associato alle partite di pallacanestro e agli psichedelici concerti rock dei Pink Floyd e dei Jethro Tull al Palazzo dello Sport, saturo di fumo, e fuori, tutte le volte, i cancelli sfondati e le camionette della polizia con le sirene. Oppure, anzi soprattutto, alla figura umiliante, vomito e tutto il resto, per via di un attacco di nausea e vertigini nemmeno tanto inatteso, da me rimediato sulla grande ruota del luna park affrontata stoicamente sperando di far colpo su una ragazza, mai più incontrata per la vergogna di quel desolante fallimento. E il destino storico? E la missione? E la scritta sul Colosseo quadrato? Anche lì, come nelle visite al Foro Italico, anzi Foro Mussolini, e come a Cinecittà, il fascismo di mio padre non era riuscito a catturarmi. E ogni volta che vedo la ruota di quel luna park oramai mezzo dismesso, mi capita ancora di arrossire per l'umiliazione.

Il cuore fascista di mio padre vibrava per l'architettura monumentale. Per l'imponente, il grandioso. Il suo fascismo ideale, realizzato in strade e edifici, era sempre smisurato, maestoso. Anche se il clericalismo gli era estraneo, per esempio, la sua infatuazione per la grandiosità urbanistica del fascismo ne faceva un entusiasta persino del Concordato. In una tappa obbligata dei nostri tour sulle tracce del (suo) rimpianto passato, percorrevamo via della Conciliazione, e mio padre si inebriava spiegando che quella grande opera, dopo aver smantellato con fascistica determinazione tutto il disordinato, l'«irregolare» viluppo di case e di antiche viuzze del Borgo, doveva magnificare attraverso uno stile architettonicamente solenne la storica pace dei Patti Lateranensi siglata dall'Italia mussoliniana e dal Vaticano incantato dall'«Uomo della Provvidenza». Ma erano sempre grandi strade, viali giganteschi, scorci monumentali in grado di competere con cupole e rovine antiche.

Le bellezze dell'edilizia residenziale tirata su in epoca fascista, invece, gli erano semplicemente indifferenti. Non ne parlava. Per lui neanche esistevano. Non erano mete degne dei nostri pellegrinaggi. E io le ho scoperte soltanto dopo la rottura con mio padre, tra paradossi e coincidenze. La Garbatella, per esempio, il *non plus ultra* dell'edilizia popolare costruita durante il fascismo a Roma, seppur progettata subito prima e anche in uno stile che non combaciava affatto con il monumentalismo del regime. Mio padre fascista non mi ci aveva mai portato. La prima volta che mi accorsi della sua esistenza fu durante un violento tafferuglio con la polizia, coda guerrigliera di uno di quei cortei in cui la prima fila era munita di caschi, tascapane rigonfi e fazzoletti sulla faccia. Corteo antifascista, naturalmente. Perché io intanto, erano i primi anni Settanta, ero diventato il figlio antifascista di un padre fascista. Antifascista «militante», per giunta; e chi ha vissuto quei tempi conosce la differenza e il senso di questa specificazione, purtroppo tutt'altro che superflua. Militante, ma fortunatamente non tanto accecato dall'ideologia, almeno questo, da non capire che lo stile della Garbatella sarebbe diventato una delle più belle scoperte della città in cui ho avuto la fortuna di nascere e di vivere. Se mio padre mi ci avesse portato, magari la lezione sarebbe stata più efficace di quella, un po' troppo scolastica, dell'Eur e del Foro Mussolini. Ma alla Garbatella non si celebravano i sacri destini dell'Italia fascista. E dunque, niente processione. Niente «Guarda!».

Poi c'era la Città Universitaria. Finalmente un posto pieno di magia, di mistero: parlo di allora, di quando ero dodicenne, non dopo. Per mio padre, lo scrigno di un segreto conturbante che forse racchiudeva la cifra nascosta del suo destino di fascista sconfitto. Per me era una tappa affascinante, la perlustrazione preventiva degli edifici che avrei voluto frequentare dopo qualche anno, non sapevo ancora esattamente dove, ma certamente lì. Sentivo come un privilegio unico la possibilità di mescolarmi per un'intera giornata, da ragazzino delle scuole medie, con i ragazzi grandi che passeggiavano per i viali e che sembravano felici con i loro libri sotto braccio, le sigarette e i caffè e le risate e i corteggiamenti dopo chissà quante ore di lezione. Mi apparivano già adulti ma scanzonati, esperti della vita e del mondo ma senza darsene le arie, baciati dalla fortuna di avere accesso a un sapere superiore, eppure senza spocchia: non che lo fossero veramente, però così mi apparivano allora, e questo bastava. Del resto, anche mio padre mi sembrava meno pedestremente didascalico del solito. Singolarmente infiammato da un fuoco misterioso, con l'emozione febbrile di chi si trovava oramai a due passi da una meta importante, forse la più importante di quei tortuosi, e talvolta noiosi, pellegrinaggi.

Certo, non poteva smentirsi del tutto. Camminando lungo i viali alberati era già pronto ad attaccare con la solita lezione: l'accento ammirato sul grande complesso progettato da Piacentini; sugli edifici che ospitavano le singole Facoltà disegnati dal meglio della cultura architettonica negli anni del regime, da Giuseppe Pagano a Gio Ponti, a Giovanni Michelucci; sull'imponente statua della Sapienza e poi, trionfalmente, sulla magnificenza di quella fortezza accademica che doveva essere il tempio del sapere, e cioè il severo palazzo piacentiniano del Rettorato. La svolta psicologica di quel pellegrinaggio si realizzava qui, nel Rettorato. Qui mio padre, improvvisamente, accelerava il passo. Mi sembrava preso da una frenesia inspiegabile, i gradini della grande scalinata affrontati con piglio addirittura atletico. «Ecco, l'Aula Magna è di qua, sbrigati, corri, guarda!» Ecco, ecco, ecco: eravamo arrivati al traguardo, al suo traguardo, dove il solito «Guarda!» non era più un imperativo, ma si era trasformato nel desiderio impaziente di condividere con qualcuno, con me, una scoperta sensazionale. Eravamo arrivati sul luogo del segreto di cui voleva mettermi a parte e che sperava mi avrebbe indignato come la «cosa più turpe che potevano inventarsi per umiliare Sironi e il fascismo, pezzenti».

Sironi. Mario Sironi. Era lui il grande artista, l'autore di quel gigantesco affresco intitolato *L'Italia tra le arti e le scienze* che occupava l'intera parete giù in fondo all'Aula Magna, la meta finale, il Sacro Graal scoperto dopo tante peripezie. «Guarda, questo capolavoro è di Sironi. Anzi, era di Sironi. Sarebbe stato di Sironi.» Non afferrai subito il senso di quel condizionale, di quell'incertezza che mi risuonava come una confusione incomprensibile, singolare per un tipo tanto pignolo come mio padre. Era o non era di Sironi, e cosa significava quel «sarebbe stato»? L'indignazione di mio padre era così impetuosa da non poter essere soltanto il contraccolpo di una controversa attribuzione di un'opera d'arte. Quella parete era di Sironi, ma avevano voluto de-sironizzarla, de-fascistizzarla, ecco il punto. «L'hanno sconciata,» mi diceva «l'hanno deturpata quando il fascismo è stato sconfitto. Hanno raschiato via tutto quello che potevano raschiare, in nome dell'antifascismo.» La voce di mio padre era incrinata dall'emozione in quell'aula che lui voleva onorare come un santuario sfregiato. Era ferito e sdegnato come se avessero profanato una tomba, come se i nuovi barbari avessero voluto demolire un reperto del passato con veemenza iconoclastica. «Tutto scorticato» continuava, più rassegnato che furioso. Doveva riprender fiato per raccontarmi bene i dettagli di quella profanazione. Cosa era stato strappato via, esattamente? Cosa era rimasto? E perché poi quello «scorticare tutto»? Quella voglia insana di sconsacrare un luogo di culto?

Intanto, per prima cosa, i responsabili dello scempio: «Sono stati loro, i vincitori, con la complicità dello stesso Piacentini che aveva commissionato a Sironi l'affresco per il suo Rettorato, e che poi, appena ha capito come si stavano mettendo le cose, lo ha tradito quando si è messo a fare l'antifascista». «Fare l'antifascista» era un'espressione molto importante, piena di significato nel lessico e nell'immaginario paterni: voleva dire che per mio padre chi era stato fascista quando il fascismo vinceva, e invece antifascista quando perdeva, non «era» antifascista, bensì «faceva» l'antifascista. Non poteva darsi conversione sincera, cambiamento, ripensamento. No, soltanto malafede, opportunismo, camaleontismo. Comunque mio padre, sebbene molto preciso sull'identità dei responsabili dello «sconcio», quelli che «facevano» gli antifascisti, non riusciva invece a essere prodigo di particolari circostanziati su cosa precisamente fosse stato de-sironizzato. E poi la storia dell'arte non era la sua materia, visitava poco mostre e musei, le sfumature nascoste di un quadro o di un affresco non erano il suo forte. Parlava vagamente di fasci littori cancellati, di aquile espunte. Non ricordava bene. Però ricordava benissimo che subito dopo il 25 luglio qualcuno aveva addirittura ricoperto con un telone tutto l'affresco, prima di procedere al massacro artistico. I particolari li avrei messi a fuoco da solo, tanti anni dopo, quando mio padre non c'era già più, informandomi sui libri di chi ne sapeva e aveva studiato l'opera di Sironi: Paolo Simoncelli, Emilio Gentile, Elena Pontiggia. Riandando con la memoria a quei dolenti pellegrinaggi presso l'Aula Magna del Rettorato, alla ricerca dei segni del misfatto che tanta sofferenza aveva procurato a mio padre fascista.

Era vero, per prima cosa, che quell'affresco di Sironi, artista che il regime aveva collocato al vertice della sua piramide estetica, ma soprattutto l'interprete più prestigioso della pittura monumentale, delle opere d'arte grandiose che decorarono le architetture di cui il fascismo si faceva vanto, era stato prudentemente «coperto da una pudica carta» (l'espressione citata da mio padre dovrebbe essere dello stesso Sironi) all'indomani della disfatta mussoliniana. Poi, in dettaglio, ecco ciò che nel corso degli anni Quaranta era stato «abraso» con meticolosa cura ideologica dagli accomodatori autorizzati, coordinati dalla direzione di uno zelante Piacentini: venne cancellata una grande aquila imperiale, tolto un arco di trionfo, rasa metaforicamente al suolo un'intera montagna con su scolpito un fascio littorio, un profilo del Duce e un riferimento all'anno XIV dell'èra fascista. Con tutti questi particolari messi al loro posto, come ha scritto Emilio Gentile, la pittura destinata a ricoprire maestosamente una gigantesca parete era stata originariamente concepita e realizzata per dimostrare che le arti e le scienze «affiancavano l'Italia fascista quasi come un coro inneggiante alla sua grandezza». Invece così, evirato, snaturato, neutralizzato, decolorato, l'affresco di Sironi, l'ex affresco di Sironi, quello che, come diceva mio padre, «sarebbe stato» l'affresco di Sironi, aveva perso tantissimo della sua potenza. Da rude e aspro come doveva essere all'origine, scrive ancora Gentile, era diventato addirittura «leziosamente laccato».

Ecco perché mio padre voleva portarmi sin lì, con ansia e sdegno: per farmi vedere, attraverso il trattamento umiliante riservato all'affresco di un celebre artista, cosa avevano fatto a quelli come lui. Cancellati. Avvolti da una «pudica» coperta de-fascistizzante, abrogati nella dimensione pubblica, soppressi per decreto. Il suo destino personale e politico si specchiava nell'opera deturpata del sommo Sironi. Era questo che voleva comunicarmi con tanta foga. Il *punctum dolens* che mi voleva mostrare. E non c'è stata occasione, negli anni a venire, in cui non sia entrato in quell'Aula Magna del Rettorato senza avvertire una stretta al cuore. «La parete è di Sironi» mi disse una volta un mio compagno, nel mezzo di non ricordo quale prolusione accademica. «Sarebbe stata di Sironi» risposi: e già, inconsapevolmente, mi ero messo a parlare come mio padre.

Era come se mio padre fascista ed esule in Patria si fosse identificato umanamente e psicologicamente nella sventura di Mario Sironi, l'artista che aveva vissuto il passaggio di regime con una disperazione inconsolabile. L'uomo che alla caduta della Repubblica sociale aveva imprecato contro questa «terra di traditori e di infamia» e annotato sul suo diario: «Non sono rimaste che macerie e paura». Le sue figure, che al tempo del fascismo trionfante trasudavano eroismo e forza, nelle opere postbelliche erano diventate creature prostrate, soggetti umiliati, depressi, schiacciati dallo sconforto, devastati. La sua stessa esistenza si era come raggelata in un «arido silenzio». Nei giorni successivi al 25 aprile era stato catturato dagli uomini della Resistenza mentre passeggiava con il suo cane. Il plotone d'esecuzione era già pronto, ma la fucilazione gli venne risparmiata solo grazie al provvidenziale intervento del capo partigiano Gianni Rodari. Poi Sironi fu deferito alla Commissione per l'epurazione. Ma la sua vita era diventata un inferno. Si era uccisa sua figlia Rossana, c'è chi dice per una delusione d'amore, ma si sa solo che aveva messo fine ai suoi giorni subito dopo aver visto il film tratto da *Anna Karenina*. Il nome di Sironi era uscito dai repertori. Svanivano gli inviti a mostre ed esposizioni. I critici «antifascisti» lo massacravano. I suoi saggi non venivano più menzionati. Non potendo più esprimersi con i grandi affreschi, tornò alla detestata pittura di cavalletto, che ai tempi del fascismo gli sembrava una cosa piccina e meschina, quasi indegna. Era stato messo ai margini. E una delle sue ultime opere è stata un ciclo di pitture intitolato *Apocalissi*.

In quell'«apocalissi» tanto tetra e dolorosa viveva mio padre. Che si identificava con la triste sorte di Sironi, tuttavia essendo anche un uomo spiritoso amava confrontare il suo destino non solo con gli abissi sironiani, ma con i tanti «camerati» che nel dopoguerra si erano messi d'impegno per superare disperazione, emarginazione, sconforto. Mio padre erano due. E per quanto tirannico fosse quello cupo e risentito dello sconfitto, l'altro, quello toccato dalla grazia dell'ironia e dell'autoironia, riusciva di tanto in tanto a trovare un canale di sfogo. La capacità di ridere di se stesso, pur così crudelmente soffocata da densi strati di rancore, non gli impediva di apprezzare i film che mettevano alla berlina, con intelligenza e spirito mordace, il fascismo ridotto a posa, prigioniero del suo stesso macchiettismo. Si divertiva da pazzi, per esempio, con *La marcia su Roma* perché, malgrado l'irrisione amara degli squadristi squinternati ma anche inclini alla violenza gratuita e prepotente, amava incondizionatamente Dino Risi (una passione in comune con me: almeno una). Ma la palma del film preferito andava a *Il federale*, di cui conosceva a memoria molte battute. La sua prediletta, pronunciata durante il tormentato viaggio in sidecar del fascista Tognazzi e dell'antifascista professor Bonafè tra le strade sconnesse d'Italia, era «Buca! Buca con acqua!»: la ripeteva sempre, quando gli toccava di guidare per qualche viottolo accidentato. Apprezzava moltissimo quel film. Perché era un bel film, ovviamente. Ma c'era qualcosa di più, anzi di decisivo, che glielo rendeva più caro. C'era la soddisfazione di ritrovare qualcosa di se stesso nel regista e nel protagonista. C'era una comunanza di destini, una biografia condivisa, la gratificante sensazione di non essere completamente da solo nel vedere e nell'ammirare quel film bellissimo, diretto da un regista che era «il camerata Luciano Salce» e con l'attore principale che era «il camerata Ugo Tognazzi».

E non saprei nemmeno se fosse tutto vero, se fosse documentato in modo inoppugnabile che i due erano stati «camerati» della Repubblica sociale. La realtà non contava, semplicemente perché per mio padre sì, era scontato che fosse tutto vero e documentato. Leggende, indiscrezioni, dicerie circolavano copiosamente nel mondo parallelo dei fascisti emarginati. Ma per mio padre erano comunque la prova che qualcuno, con alle spalle una storia simile alla sua, travolto dallo stesso trauma, non si era fatto stritolare dalla disperazione come il sommo Sironi, ma stesse elaborando delle sacrosante strategie di sopravvivenza. Senza ripudiare il passato e fare atto di sottomissione: questo era l'essenziale. Era il mondo dei «camerati» invisibili. Era come andare alla ricerca di fratelli in un mondo ostile. Di persone che avessero condiviso lo stesso destino e che ora erano costrette a muoversi come apostoli di una setta perseguitata. C'erano «i camerati» e, contro, il resto del mondo. O, almeno, il resto dell'Italia antifascista. Era un modo decisamente ossessivo, quasi cospiratorio, per riconoscere chi aveva avuto una storia fascista e non aveva «tradito» prestando i propri servigi ai «vincitori». E che magari poteva mimetizzarsi, acquattarsi, vivere la propria storia, ma con lo stesso ardore di una relazione clandestina. L'importante era che non avesse sputato sul suo mondo per rifarsi vergine e rispettato.

Sembrava un automatismo, un riflesso pavloviano, quello di mio padre. Ma si capiva che per lui era troppo importante la ricerca e finalmente il ritrovamento di qualcosa di familiare in terra straniera. Personaggi famosi che durante la guerra civile erano stati repubblichini o avevano bordeggiato la Rsi. Oppure che, più giovani, nel dopoguerra avevano avuto la temerarietà di definirsi fascisti malgrado tutto. Ascoltava alla radio «Tutto il calcio minuto per minuto»: ecco «il camerata Enrico Ameri». Se rideva con la satira televisiva di una trasmissione esilarante come «Un due tre», il merito era tutto del «camerata Vianello» e del «camerata Tognazzi». Per il pugilato l'idolo era «il camerata Nino Benvenuti», che tra l'altro combatteva contro Sandro Mazzinghi, un «compagno», e dunque l'incontro diventava politicamente molto arroventato. Era «camerata» anche Gabriella Dorio che, sebbene molto giovane, aveva però cominciato a fare atletica leggera nel gruppo sportivo «Fiamma», e dunque poteva legittimamente considerarsi «camerata» *ad honorem*: per lei mio padre tifava senza ritegno. Il teatro era ben rappresentato dal «camerata Giorgio Albertazzi» (mentre sull'ex «camerata» e poi «compagno» Dario Fo gli epiteti che uscivano dalla bocca di mio padre sono tuttora irriferibili) oppure dal «camerata Ernesto Calindri» e dal «camerata Gilberto Govi». Apprezzava, con un fervore che tuttavia già allora mi parve eccessivo, il direttore d'orchestra nei varietà televisivi del sabato sera tipo «Canzonissima» o «Studio Uno»: «il camerata Gorni Kramer». Applausi scroscianti erano riservati al «camerata Walter Chiari», che come «camerata Walter Annichiarico» era pure stato prigioniero a Coltano e che, dunque, per mio padre era degno di una venerazione particolare. Per di più, agli inizi degli anni Settanta venne stritolato, innocente, in una losca vicenda giudiziaria ed era quindi ancor più meritevole di solidarietà.

Detestava i fumetti, ma onore al «camerata Hugo Pratt», il creatore di Corto Maltese (chissà se ne ha mai letto una striscia, ma immagino di no). Non amava gli sperimentalismi dell'arte d'avanguardia, tuttavia l'ammirazione era totale per «il camerata Alberto Burri», che assieme allo scrittore «camerata Giuseppe Berto» era stato internato come «fascista» nel *criminal camp* di Hereford, nel Texas, solo per essersi rifiutato di collaborare con gli americani: quel «camerata Burri» che, con convergenti anatemi, la destra benpensante e conservatrice disprezzava e la sinistra comunista e zdanoviana scomunicava come artefice di «vecchie e sdrucite tele da imballaggio». Amava moltissimo, quasi con tenerezza, «la camerata Gabriella Ferri». Verso la fine degli anni Sessanta, un giornalista scomparso presumibilmente a causa delle sue denunce delle manovre mafiose non poteva che essere per lui «il camerata Mauro De Mauro». E anche uno dei grandi magistrati che conducevano le inchieste contro Cosa Nostra era da lui idolatrato come «il camerata Paolo Borsellino». Poi circolava la fantasticheria (vera? Non vera? Per mio padre verissima, comprovata dal suo istinto anche se non da documenti che io sappia mai rinvenuti) che «il camerata Giorgio De Chirico» avesse addirittura disegnato il bozzetto per il simbolo del Fuan, l'organizzazione universitaria missina, e che la sua rozza dirigenza avesse stoltamente bocciato un progetto che ne avrebbe almeno un po' nobilitato il fin troppo scarso prestigio culturale.

«Camerati» che sbagliarono, e di grosso pure. Sul loro conto, il sarcasmo di mio padre sgorgava incontenibile: «Saranno stati pure universitari, ma quelli neanche sapevano chi fosse, De Chirico». Mi rallegrava molto assecondare mio padre nei momenti in cui finalmente poteva ritrovare, senza autocensure, il suo lato ironico, capace di scherzare persino sul suo mondo offeso dalla vita e dalla storia. Come quando non voleva perdersi nemmeno una puntata di uno sceneggiato televisivo che ebbe molto successo alla fine degli anni Sessanta, «La famiglia Benvenuti», il cui protagonista era «il camerata Enrico Maria Salerno». Solo che il bambino della famiglia che spopolava in tv era un tale Giusva Fioravanti, che allora era sconosciuto e troppo piccolo per essere un «camerata», ma che qualche anno dopo diventerà un protagonista dell'eversione nera. «Un sin troppo camerata» commenterà con disappunto mio padre, appena venuto a conoscenza delle malefatte del piccolo Fioravanti diventato adulto e terrorista. E quella volta gli scappò pure un sorriso su questa sua scombinata, e troppo variegata, e velleitaria, e talvolta pericolosa pattuglia di «camerati», giovani e anziani. Amaro, ma pur sempre un sorriso.

III
«Togli quei gomiti»

Una delle frasi perentorie che durante il pranzo mio padre mi ripeteva più spesso, quasi ossessivamente, era: «Togli quei gomiti dalla tavola». Non so perché la posizione dei miei gomiti lo indisponesse tanto, e fosse così al centro della sua attenzione. Ma certamente era un tributo al suo culto delle buone maniere: l'altra metà, borghese e conservatrice, della parte del ribelle invisibile che era obbligato a recitare. Nel suo petto sanguinava il cuore di un vinto, di un esule in Patria messo ai margini per la sua mai rinnegata fedeltà al fascismo sconfitto. L'osservanza inappuntabile del galateo era però la manifestazione visibile dell'altra sua metà, del suo animo perbenista, borghese, ordinato, legalitario, integrato nel gusto e nei modelli di comportamento consacrati dalla consuetudine e dalla tradizione. Credo che a nessun genitore beneducato, ovviamente, faccia piacere che i suoi figli impugnino coltello e forchetta come armi contundenti, mastichino con le fauci spalancate, rumoreggino fastidiosamente imboccando la minestra e tenendo i gomiti sul tavolo in modo screanzato. Però, il formalismo di mio padre era sin troppo ricercato e ostentato per non apparirmi ancora oggi, anzi soprattutto oggi, anche un po' sospetto. Se nella vita politica era costretto a stare ai bordi, nell'esistenza ordinaria, professionale, familiare, mondana non voleva invece uscire dalle convenzioni sociali comunemente accettate.

Forse può sembrare eccessiva l'idea che ad alimentare questa sua religione del galateo abbia contribuito un senso di scissione permanente tra un'identità politica ribelle e la ricerca di un modello di comportamento convenzionale e attento alle forme esteriori. Ma una volta me lo disse proprio lui, quando – non ricordo in che modo – fui sorpreso ad armeggiare goffamente e ineducatamente con le posate: «Se vuoi fare la rivoluzione, la fai fuori da questa stanza». Ecco: sempre un muro tra fuori e dentro. La separazione. La duplicità. La vita quotidiana messa al riparo dalla dimensione politica, esattamente come capitava a lui. Politicamente scorrettissimo, e però correttissimo nel rispetto delle buone maniere. Per scelta. E, credo, per autodifesa.

Mio padre fascista non ha mai più fatto politica attiva, sin dal suo ritorno alla vita civile. È stato tra i fondatori del Msi, come avvocato ha prestato gratuitamente assistenza legale a chissà quanti militanti del partito che ne hanno avuto bisogno, ma per anni e anni non ha voluto inseguire vita di sezione, militanza, congressi, campagne elettorali, incarichi politici o parapolitici: solo una volta entrò in non ricordo quale consiglio di amministrazione in quota missina, ma ne fuggì inorridito dopo poche settimane. Il suo essere irriducibilmente fascista era, sul piano pubblico, limitato a poche ed essenziali manifestazioni di adesione alla comunità degli sconfitti. Prendeva regolarmente la tessera con la fiamma tricolore. Non perdeva neanche un comizio romano di Almirante, uno dei suoi amici più cari. Era abbonato sin dal primo numero al «Secolo d'Italia», il giornale missino. Portava sempre a casa il quotidiano romano di destra, «Il Tempo» di Renato Angiolillo, e si presentava in edicola con militaresca regolarità per non saltare neanche un numero del «Borghese» e dello «Specchio». Ogni tanto acquistava quei settimanali che promettevano in copertina nuove rivelazioni su alcuni degli argomenti preferiti nella mitologia fascista postbellica: il destino misterioso del celebre «oro di Dongo» che i partigiani avrebbero arraffato dopo il 25 aprile (e che comprendeva, scoprii più tardi, pure gli anelli nuziali di chi li aveva donati per dare l'oro alla Patria: come diavolo erano finiti a Dongo?); oppure particolari succulenti, anche se non propriamente ancorati a prove inoppugnabili, a proposito del leggendario carteggio segreto tra Mussolini e Churchill, un classico della dietrologia fascista che, ne sono certo, non avrà mai fine.

Tutte le domeniche elettorali si recava al seggio nella scuola elementare Ermenegildo Pistelli vicino a casa, sempre il solito, sempre alla stessa ora, con l'emozione e la solennità di chi doveva compiere un rito imprescindibile, la stessa croce sullo stesso simbolo per decenni, anche se il risultato – zero virgola più, zero virgola meno – era all'incirca sempre quello. Come un altro paio di milioni di italiani (circa tre nelle brillantissime elezioni del '72: «Voti in libera uscita dalla Dc» commentò Andreotti) andava a votare Msi solo per confermare un'identità e una fedeltà, non per ottenere un risultato politicamente utile. Andava a servire una Causa, non a scegliere un governo. L'unica volta che aveva vinto nel dopoguerra, mi disse con una dose discreta di autoironia, era stato nel referendum su monarchia e repubblica. Era un repubblicano convinto, infatti. Un po' perché glielo imponevano le insegne stesse della Rsi sotto le quali aveva combattuto. Un po' perché l'onta della fuga a Brindisi del re, già macchiatosi del tradimento del 25 luglio, gli aveva fatto odiare la monarchia. Fatto sta che a mio padre fascista e di destra piacque tantissimo una scena di sinistra di un film molto di sinistra come *Una vita difficile* di Risi, quella in cui Alberto Sordi e Lea Massari brindano in compagnia del cameriere in livrea ubriaco di gioia per la vittoria della repubblica, mentre i nobilastri monarchici e incartapecoriti si ritirano astiosi nelle loro stanze, non senza aver prima mugugnato e imprecato sulla nequizia dei tempi nuovi.

Mio padre borghese e fascista era molto sicuro dell'immagine che intendeva dare di sé e voleva perciò che la sua casa fosse e apparisse una casa borghese e non fascista. Niente cimeli mussoliniani, per carità (anche perché mia madre li avrebbe frullati dalla finestra). Niente reliquie del Ventennio. Soprattutto, niente paccottiglia nostalgica. La sua casa borghese ideale doveva essere linda, ordinata, inappuntabile, non un covo di maledetti di dubbia reputazione o di cospiratori sbrindellati. Se la sua rispettabilità politica era stata travolta dal discredito della nuova Italia «nata dalla Resistenza», la sua rispettabilità civile e borghese non tollerava alcuna macchia. I divani e le poltrone dovevano essere rivestiti di buone stoffe e senza la minima imperfezione. Le pareti ricoperte di quadri, spesso regalati da clienti facoltosi, di cui era lodato più il valore quotato sul mercato che quello artistico in senso stretto. Il tavolinetto basso tra i divani doveva mostrare gli oggetti disposti in un ordine molto «regolare»: al centro una pianta ornamentale, l'enorme accendisigari argentato, il portasigarette di lusso, quasi sempre pesanti volumi di pregio su qualche artista del Rinascimento o del Manierismo, piccole sculture di arte contemporanea dalla forma un po' ardita, ma pur sempre decorosa e freddamente elegante. I pavimenti del corridoio d'ingresso e del salotto (la «rappresentanza») tirati a lucido. Le librerie ben disegnate, di legno laccato di bianco, e sugli scaffali libri rilegati in varie gradazioni di pelle prevalentemente rossa o verde, con vasi e oggetti di design a spezzare l'uniformità dei dorsi spesso, ma non obbligatoriamente, allineati ad altezza decrescente: i più alti a sinistra, i più bassi a destra. Sui mobili d'epoca, foto in posa di vita familiare, entro cornici d'argento.

Però si riceveva poco in casa, non era abitudine. Mio padre e i suoi amici avvocati e di destra, molto apprezzati nel loro ambiente professionale, spesso con un robusto pedigree forense dalle solide radici familiari e da studi già ben avviati, i Pannain, i Madia, i Valensise e tanti altri, preferivano incontrarsi il sabato o la domenica sera al ristorante in compagnia delle loro consorti nei quartieri borghesi di Prati o dei Parioli. Molti di loro avevano la seconda casa, al mare, in campagna o, come noi, in montagna. Borghesi tranquilli e compassati. Perfettamente integrati. Orgogliosi del loro benessere sobrio e non sfarzoso. L'apocalisse che li agitava era tutta dentro i loro cuori, e così il loro ribellismo. Fuori, però, impeccabili, moderati. Moderatissimi.

Impeccabili anche nel modo di vestire. O almeno, impeccabile nel vestire lo era certamente mio padre, che sceglieva con accuratezza forme e tinte dei suoi abiti: sempre le stesse. Non so quanti completi grigi con gilet di obbligatorio complemento abbiano riempito negli anni il suo armadio. Il grigio veniva al massimo interrotto da qualche blu, qualche nero e un paio di gessati. Il guardaroba estivo prevedeva invece, per decenni, completi di cotone color coloniale, o al massimo un blu leggermente più brillante di quello invernale. Una volta fu tentata la strada del celeste di lino, ma il secco parere negativo di mia madre mise rapidamente fine all'audace esperimento, per fortuna. Le camicie erano nella stragrande maggioranza bianche, quasi sempre con i gemelli ai polsini e le iniziali incise in basso a sinistra. Qualche volta viravano timidamente verso un azzurro pallido a tinta unita, o al massimo con righine molto sottili, quasi invisibili. Mio padre aveva molte cravatte di fantasie non proprio sgargianti. Le indossava sempre quando era in città, domenica compresa. E solo nella canicola estiva, quando tornava per pranzo, chiedeva a mia madre il permesso, regolarmente accordato, di «mettersi in libertà». Diceva proprio così, «mettersi in libertà», che poi tutta questa libertà si limitava al colletto slacciato, con le persiane accostate e il ronzio dei ventilatori accesi. Del resto, anche i suoi boxer erano sempre, rigorosamente, candidi.

Le scarpe, perlopiù nere, erano di norma perfettamente lucidate: e il pignolo lucidatore era quasi sempre lui stesso, mio padre. Usava spesso i mocassini, ma prediligeva quelle scarpe che, non si sa come mai, ma forse grazie alla sua ammirevole cura, riusciva a non far deformare con il tempo, e munite di quel tipo di lacci sottilissimi che lui maneggiava con grande abilità, mentre ancora oggi io non riesco proprio a non spezzarli dopo quelle due o tre volte che mi capita, molto raramente, di farne uso. Per le occasioni mondane mio padre mi permetteva, ancora bambino, di presenziare ai suoi elaborati riti di vestizione prima che fosse pronta la nostra cena. Gli abiti eleganti venivano appoggiati con cura sul letto e poi indossati con solenne lentezza. Nulla mi appariva incongruo, giacche, pantaloni, camicie, cravatte, talvolta fermacravatte dorati, abbondanti spruzzate di profumo: un borghese perfetto, integratissimo, e tutt'altro che apocalittico. Mi piaceva l'uso del calzascarpe, che ricordo lungo e in osso d'avorio. Un solo particolare mi lasciava sgomento: la presenza inquietante del reggicalze all'altezza del ginocchio. Quel particolare, quella terrificante giarrettiera, era per me, non saprei perché, decisivo nella scelta di andare il più lontano possibile da quel canone estetico, e in cuor mio giurai che mai e poi mai nella mia vita mi sarei vestito in quel modo. E infatti.

La professione dell'avvocato, abbracciata da mio padre come una missione, non era solo un mestiere ma aveva affiancato al suo modo di pensare politicamente ed esistenzialmente fascista un altro modo di pensare. Accanto, non contro, ma accanto al suo fascismo, aveva fatto sua una visione delle cose in cui i princìpi del diritto non erano solo un gelido elenco di commi e sottocommi, ma un criterio per regolare le relazioni sociali e la convivenza tra gli esseri umani totalmente diverso da quelli dettati da una fede politica. Quando indossava la toga, mio padre lasciava a casa la camicia nera del suo cuore, perché per lui l'aula di un tribunale era un luogo antitetico alla piazza. Mio padre erano due, anche in questo caso, e come sempre. Sentiva il brivido, la scossa della piazza, ma anche il rigore freddo del diritto. Si faceva trascinare dalle emozioni politiche, apprezzava il valore dell'antagonismo e della lotta politica, anche estrema e tumultuosa, ma nel teatro giudiziario in cui duellava in punta di diritto quelle emozioni dovevano volatilizzarsi. O almeno, conoscere un momento di sospensione. Perciò mio padre fascista non ebbe alcun imbarazzo quando, consigliere dell'Ordine degli avvocati di Roma, venne chiamato in qualità di difensore d'ufficio a patrocinare la causa giudiziaria di molti militanti del terrorismo rosso, alcuni dei quali minacciavano di morte fuori e dentro l'aula chi ne avesse temerariamente assunto la difesa. Non riconoscevano legittimità alla «giustizia borghese» e consideravano i legali d'ufficio «servi» del sistema che volevano abbattere. E, perciò, meritevoli di una condanna a morte.

Un giorno mio padre avvocato e fascista volle sapere da me: «Per caso sei libero domani mattina?». Gli dissi di sì, ma molto stupito gli chiesi anche perché mai mi avesse rivolto una domanda così insolita. Ecco perché: perché il giorno dopo avrebbe dovuto tenere la sua arringa difensiva a favore di Maria Pia Vianale, una militante di punta dei Nuclei armati proletari, una delle sigle più importanti dell'arcipelago del terrorismo di sinistra degli anni Settanta, che tra l'altro era riuscita, dopo il primo arresto, a evadere dal carcere di Pozzuoli. «Gradirei che tu fossi presente, ci stai?» Ci stetti, e anzi proposi a un mio amico di sinistra, un compagno carissimo, di venire con me. Ci stette anche lui. Benché in quei giorni i nostri rapporti non fossero eccellenti, andai volentieri con mio padre, per curiosità, ma soprattutto perché sentivo che stava affrontando un impegno molto difficile, sul piano umano, giudiziario, e anche politico. Ecco, però la politica lui volle lasciarla rigorosamente fuori. E difese (gratuitamente, oltretutto) quella terrorista di sinistra con la stessa passione e lo stesso scrupolo professionale con cui avrebbe tutelato un amico o un «camerata».

Il processo si svolgeva nella cosiddetta aula-bunker del Foro Italico, che poi era l'Accademia di Scherma di Luigi Moretti, una vecchia conoscenza dei nostri pellegrinaggi tra le architetture del regime fascista («Guarda!»). Mentre mio padre articolava la sua arringa, da dentro la gabbia in cui era stata rinchiusa insieme ai suoi compagni, la Vianale rovesciò su di lui ogni genere di minacce, invettive, insulti così atroci che «Taci, porco, maiale» mi apparve uno dei più blandi e accettabili. Gli urlò anche, ne stesse certo quel «servo», quel «fascista di merda», che avrebbe «fatto la fine di Croce», un avvocato torinese che era stato appunto ammazzato dopo aver assunto la difesa d'ufficio dei brigatisti. Mio padre ne fu scosso, ovviamente. Ma io molto più di lui. Le minacce facevano paura, quelli non scherzavano, le armi le usavano con grande disinvoltura e i bersagli delle loro vendette potevano cominciare a tremare. Mio padre sapeva che in aula avrebbero inscenato quel truce spettacolo. E allora perché aveva preteso che io fossi accanto a lui mentre veniva sottoposto a quel barbaro linciaggio verbale: per vanità e per mettere in mostra con il figlio il suo eroismo? Oppure, al contrario, per sentirsi meno solo quando qualcuno, urlando e scalciando come un ossesso contro una gabbia, avrebbe presumibilmente minacciato di morte un avvocato che stava offrendo il suo patrocinio gratuitamente, un «porco» da far tacere perché si era permesso di difenderlo in tribunale? Tra mille dubbi, propenderei per la seconda ipotesi. Mio padre era coraggioso, ma era anche stufo di affrontare quelle battaglie in solitudine, e con i figli che gli davano pure addosso.

Mio padre era davvero convinto che ciò che comunemente, e forse erroneamente secondo la dottrina, viene definito «garantismo» fosse l'ossigeno della giustizia. Cioè che occorresse garantire a tutti, anche ai più recalcitranti, il diritto sacro alla difesa. Che nelle aule di un tribunale non dovessero contare le guerre della politica, e che anche la persona più distante politicamente fosse meritevole dello stesso trattamento di un tuo amico o di un tuo sodale. Princìpi chiari, cristallini, che io oggi, e ancor più mio fratello che della lezione professionale e giuridica di nostro padre è ufficialmente e meritatamente discepolo titolato, mi porto dentro, malgrado tutto, come un lascito importante dell'insegnamento paterno. Sono i paradossi della nostra storia: mio padre fascista era molto più garantista di tantissime brave persone della sinistra con cui ho avuto a che fare quando ho voluto spezzare l'involucro dell'ideologia di famiglia e ho guardato alla parte «giusta» come a una parte migliore della società, l'approdo salvifico che mi avrebbe ripulito delle scorie depositate intorno a me dalla storia politica paterna. Persone che trasudavano bontà e comprensione, progressiste, sempre così meravigliosamente attente alle ragioni di chi è debole e svantaggiato. E che però pretendevano indulgenza plenaria solo e soltanto per sé e per i propri amici, rampolli e compagni, mentre invocavano con modi arcigni i rigori dell'inquisizione contro chi veniva bollato come un nemico privo di diritti e reclamavano il pugno di ferro per chi, a seconda dei momenti, si trovava permanentemente o temporaneamente dall'altra parte della barricata. Lo so che è strano, ma forse è strana e confusa tutta la storia italiana in cui siamo cresciuti. Nessuno è unidimensionale, nessuno ha una sola faccia. Neanche un fascista ha una sola faccia, malgrado il semplicismo dei demonizzatori. Nessuno è riducibile a un'etichetta, nella vita privata come in quella politica.

E dunque, mio padre nutriva sì un rispetto sacrale per la legge, ma aveva anche un culto maniacale per le procedure che andavano onorate con pignola meticolosità e per le regole da osservare senza deroghe. Difficile farmi spiegare, nonostante la mia insistenza, e la mia giustificata petulanza, come facesse a conciliare questa venerazione così intransigente per lo Stato «di diritto» con il legame ideologico, mai rinnegato, a favore dello Stato «etico». O come riuscisse a mettere insieme valori tanto opposti come il primato degli individui o delle persone in uno Stato liberale e il primato dello Stato sugli individui e sulle persone teorizzato dal fascismo. Su questa palese contraddizione non rispondeva. Sorvolava. Eludeva. Temporeggiava. Ma mio padre era così: un cuore di garantista tutto d'un pezzo in un involucro fascista, anch'esso tutto d'un pezzo. C'era qualcosa che non tornava. E che ancora oggi non mi torna, a dir la verità.

Non poteva essere: il contrasto mi sembrava troppo netto, i princìpi troppo inconciliabili tra di loro. Ma come, chiedi il rispetto scrupoloso dei diritti della difesa e poi difendi un regime che aveva allestito un tribunale speciale in cui i diritti della difesa erano una barzelletta, un ventennio in cui lo Stato onnipotente era tutto e l'individuo una poltiglia informe e disprezzata? Ma come poteva essere possibile? Ecco, nei miei momenti di conformismo meno sorvegliato, fremevo dal desiderio di dedurne che, appunto, non fosse possibile. Aiutato anche dalla sua reticenza, dal suo sistematico sottrarsi, non tanto alle mie moleste domande, ma al dovere di mettere un po' d'ordine in quelle due identità tanto diverse e lontane, arrivavo a sperare che in fondo fosse tutto un equivoco. Che in realtà il mondo vero di mio padre fosse quello di una normale, rispettabile, moderata (non arriverei a dire liberale) destra d'ordine: legge e ordine, come dappertutto nelle destre non compromesse con l'eredità fascista. E addirittura che il suo fascismo pervicace e irriducibile fosse oramai, passati tanti anni, soltanto il frutto di una pur nobile ostinazione autodistruttiva, un non volerla dar vinta ai nemici di sempre, un omaggio alla propria giovinezza, un estremo atto di fedeltà a un ideale che gli aveva procurato tanti guai.

Ma la mia era una pretesa sciocca ed egoista: perché mio padre non ha mai smesso di essere un fascista, neanche quando difendeva una star del terrorismo rosso, ricevendone in cambio minacce e insulti. E anche una speranza meschina, la mia, coltivata dopo la scomparsa di mio padre: un tentativo goffo di riconciliare *post mortem* mio padre fascista con la Patria di cui non si sentiva più figlio amato e che lo aveva proditoriamente messo ai margini. Era una fantasia di risarcimento, un modo obliquo per poter compensare la sfortuna di essere venuto al mondo nei paraggi della parte «sbagliata». Ma a mio padre, orgoglioso di essere nato tre giorni prima della Marcia su Roma, è piaciuto tutto del fascismo, sempre. Il saluto romano con cui ogni tanto, provocatoriamente, mi accoglieva per farmi friggere di rabbia non era una finta, ma un gesto carico di emotività che avrebbe ostentato come un suo inalienabile patrimonio morale fino alla fine dei suoi giorni. Sarebbe stato più comodo ricostruirne un volto più conciliante, più accettabile, più corretto, insomma meno fascista. Più in sintonia con l'Italia antifascista in cui si sentiva estraneo. Più comodo per me. Però più ingiusto per lui.

Perché, poi, le persone sono davvero complicate, proteiformi, piene di sfaccettature. A mio padre piaceva raccontarmi, per esempio, la parabola di Filippo Tommaso Marinetti, la bandiera di ogni avanguardia e di ogni trasgressione, che però era rimasto fedele fino all'ultimo alla Repubblica sociale e, prima di spirare, supplicò di poter scendere nella tomba, lui che si era imborghesito come accademico d'Italia, con indosso la camicia nera. Aveva recitato tanti anni prima il ruolo dell'irriverente senza scrupoli, del provocatore, del dinamitardo con le parole. Ma concluse i suoi giorni su questa terra vergando un panegirico molto convenzionale dedicato a Mussolini, un poemetto intitolato *Quarto d'ora di poesia della X Mas*, in cui si legge tra l'altro: «Voi pontieristi frenatori del passo calcolato voi becchini cocciuti nello sforzo di seppellire primavere entusiaste di gloria ditemi siete soddisfatti d'aver potuto cacciare in fondo in fondo al vostro letamaio ideologico la fragile e deliziosa Italia ferita che non muore?». Le persone sono sfaccettate, non a una dimensione, non blocchi di granito senza forma: era questo che voleva dirmi mio padre parlando di Marinetti, del padre del futurismo modernista e avanguardista che voleva essere seppellito, l'ultimo encomio adulatorio al Duce ancora fresco d'inchiostro, con la camicia nera della sconfitta. O forse parlava di se stesso. Parlava di un fascista non pentito che non poteva non dirsi anche un garantista.

Una contraddizione, certo. Ma le contraddizioni vitali promettono talvolta grandi sorprese. E a me la contraddizione tra due modi di pensare che convivevano nella testa di mio padre ne riservò una, commovente e dolorosa insieme. Tutto era cominciato quando, studente liceale molto estremista e per qualche tempo anche un po' manesco, fui sospeso con provvedimento d'urgenza dalla mia scuola, con l'accusa di aver colpito il vicepreside nel corso di una delle quotidiane e furiose colluttazioni tra rossi (noi) e neri (loro) durante il quarto d'ora di ricreazione. Come d'uso, mio padre venne convocato dal preside con l'esplicita richiesta della mia presenza durante il colloquio ufficiale, però vincolata all'obbligo di onorarla con la promessa del mio silenzio più assoluto in segno di sottomissione. Io accettai, per assistere alla mia condanna. In silenzio, sottomesso. Mio padre era un avvocato, tuttavia si capì subito che in quella circostanza così particolare non sarebbe stato esattamente il «mio» avvocato, anzi. Durante tutto l'incontro, mezz'ora di requisitoria, e con l'imputato, cioè io, a capo chino, non spese una sola parola in difesa del figlio che si era comportato «come un teppista», secondo la definizione tranchant del preside. Le cose, in realtà, erano più complicate. Ma mi guardai bene dall'avanzare la minima obiezione: ero entrato nell'ordine di idee che, arrivati a quel punto in cui la mia sorte era già segnata, i dettagli fossero irrilevanti, e che prima ci fossimo sbrigati con quella sgradevole incombenza, meglio sarebbe stato per tutti, e soprattutto per me. Mio padre non mi degnò di uno sguardo mentre il preside sciorinava le sue accuse, ma ricordo nitidamente il suo commento secco al verdetto di condanna che avrei dovuto scontare già dal giorno successivo: «Giusto, signor preside. A scuola si viene per studiare. Se mio figlio ha ostentato atteggiamenti incompatibili con i princìpi della disciplina scolastica, è sacrosanto che venga punito con adeguate sanzioni. Prego perciò il vicepreside di accogliere le mie scuse più sentite».

Nemmeno l'ombra dell'equidistanza, solo un'adesione totale e incondizionata alla simbolica decapitazione scolastica. Avrei potuto alimentare la mia ostilità nei suoi confronti, magari inventandomi che mio padre aveva preferito stare con i «suoi» fascisti che avevano fatto a botte con me, invece di stare con suo figlio. E invece non gliene feci un torto. Mi aveva lasciato solo nelle mani delle insindacabili autorità che stavano chiudendo alle mie spalle il portone della scuola, ma davvero non me ne importava un granché. Un po' per il senso di colpa, perché sentivo stavolta di averla combinata davvero grossa: addirittura un contatto ravvicinato con la guancia di un vicepreside che, in fondo, si era solo adoperato fattivamente per separare dei vocianti energumeni che, in nome della politica, se le stavano dando come bande di *hooligans* ubriachi di ideologia. Un po' perché, insomma, non essere difesi da un padre fascista era, in quei tempi e alla mia età, una medaglia d'onore. La prova che la lotta stava dando i suoi frutti e che tra l'altro mi rendeva un eroe agli occhi delle ragazze con cui avevo ingaggiato una guerra senza quartiere al Sistema repressivo. Ora, grazie alla santa alleanza di presidi e famiglie borghesi, quel Sistema mi stava opprimendo. Ora, potenza erotizzante del martirio, le compagne pronunciavano il mio nome come quello di una vittima di una causa bella e giusta. Lo scandirono persino in un corteo improvvisato nei corridoi della scuola. Non avrei osato chiedere di meglio.

La contraddizione paterna la scoprii molti anni dopo, per l'esattezza a pochi giorni dalla sua morte, quando misi le mani sulla copia di una lettera che lui, a mia totale insaputa, aveva deciso di inviare al preside, proprio qualche giorno dopo l'incontro in cui aveva preso così platealmente le distanze da suo figlio. Era una copia su carta carbone, come usava prima dei computer, con l'intestazione dello studio legale per dare un tono ufficiale a una missiva che doveva restare riservata. O almeno, riservata e segreta per me, cioè per il protagonista stesso dello scambio epistolare. Del resto, segreto per segreto, ignoravo anche che giacesse in un cassetto una cartellina a mio nome in cui mio padre, oltre a quella lettera, aveva raccolto nel corso del tempo vari documenti che mi riguardavano: il mio tesserino militare, qualche articolo sgualcito di un po' di anni prima, fotografie ingiallite di me bambino, cartoline, ritagli, addirittura una vecchia chiave, non riesco nemmeno a ricordare di quale serratura, di quale casa, di quale periodo della mia vita, e condivisa con chi, e soprattutto perché mai fosse finita nelle sue mani.

Ecco, tra le tante cianfrusaglie che imbottivano quella cartellina c'era anche un'altra lettera, che non c'entrava niente né con il fascismo, né con la politica, men che meno con la mia sospensione dalla scuola. Che non c'entrava niente con mio padre e che dunque, a rigore, mio padre non avrebbe dovuto nemmeno conoscere. Era infatti la lettera «ufficiale» che la ragazza con cui stavo in un'estate dei primi anni Settanta mi aveva spedito per comunicarmi bruscamente «PG ti lascio», essendosi messa con un «proletario di Tarquinia», così lo definiva, certo con solida e ammirevole coscienza di classe ma senza nemmeno dare a quel ragazzo la dignità di un nome. Non dico che me la fossi scordata, quella lettera umiliante, ma quasi. Però, perché diavolo mio padre l'aveva presa e fatta sua, infilandola addirittura tra i reperti della mia vita che segretamente lui custodiva in una cartellina di cui ignoravo persino l'esistenza? A tanti anni di distanza non ce l'avevo più con quella ragazza, ovviamente, né tantomeno con l'anonimo e senza volto «proletario di Tarquinia». Però sentii rinfocolarsi dentro di me un sordo risentimento nei confronti di mio padre, che si era subdolamente impossessato di una mia lettera senza nemmeno avere la delicatezza di avvertirmi, intrufolandosi di soppiatto nella triangolazione con il «proletario di Tarquinia» che mi aveva surclassato nel cuore della ragazza amata: cose che un padre, decisamente, non è tenuto a sapere e di cui non si dovrebbe impicciare, credo.

Invece l'altra lettera, quella su carta intestata, quella più importante in una caotica storia familiare di fascismo e garantismo indissolubilmente intrecciati, non mi fece solo arrossire per la vergogna (postuma) di un mio fatto privato finito chissà come nei cassetti di mio padre. Fece molto di più: mi fece stare malissimo, come una frustata nell'anima. Dopo le consuete formule di cortesia, infatti, con il suo eloquio elegante e un po' arcaico mio padre confessava solennemente ai miei carnefici di essere rimasto profondamente offeso non una, ma ben tre volte a causa del mio gesto violento e scriteriato. «Offeso» non una, ma tre volte: mascalzone fino a questo punto non mi ero ancora immaginato. Scrisse testualmente così, mio padre offeso: «Premesso che il comportamento di mio figlio mi ha ferito come padre, come cittadino e come uomo di legge...». Una confessione micidiale, perché nessun frammento di me veniva salvato. Una triplice mazzata che, leggendo quelle righe impreviste, mi lasciò senza fiato. Stavo rivivendo una storia che credevo sepolta in un'epoca lontanissima. E solo avendo sotto gli occhi quella triplice condanna, come una maledizione dall'aldilà che mio padre aveva appena raggiunto, compresi veramente quanto lo avessi ferito tanti anni prima e come lui, uomo d'ordine e di legge, avesse saputo mimetizzare il colpo con una fredda e burocratica accettazione della sentenza che mi danneggiava. Averlo scoperto quando lui non c'era più rese ancora più acuto il mio rimorso, più aspra la certezza di averlo deluso. Non una, ma tre volte. Mio padre erano due. Ma io lo avevo ferito addirittura come se fossero tre.

Fino a questo punto della lettera era il borghese benpensante a parlare, il cittadino irreprensibile che chiede scusa se il figlio si è comportato come un giovinastro rissoso. Del resto, il '68 aveva diviso i fascisti italiani tra chi voleva mescolarsi nel movimento per allearsi con gli estremisti dell'altra parte e combattere insieme il Sistema e chi invece vedeva in quel movimento il trionfo del sovversivismo rosso: mio padre faceva parte della seconda categoria, il fascista che non poteva tollerare che si facesse casino a scuola, invece di studiare e di alzarsi in piedi, possibilmente con la cravatta e non in jeans e senza barba («fa sporco»), quando un insegnante entrava in classe. Ma la sorpresa più grossa fu la lettura delle righe successive di quella lettera, dove il garantista aveva finalmente preso il sopravvento, anche se terribilmente offeso per ben tre volte. Con un certo vigore mio padre, da giurista stavolta, eccepiva infatti sulla regolarità formale del «processo» con cui ero stato condannato, sulle procedure che non erano state rispettate. Sul fatto, cioè, che nessuno si fosse sentito in obbligo di registrare la mia versione e di riconoscere il mio diritto a difendermi. Mi avevano ingiunto di stare zitto: e perché? Volevano che l'accusatore, il preside, fosse l'unico a parlare: e perché? Regolamento alla mano, un occhio alla legge, un altro ai diritti incoercibili di chi viene messo sotto accusa, mio padre garantista diceva a chi mi aveva condannato che, se io lo avevo offeso tre volte, loro avevano tuttavia offeso il diritto forse soltanto una volta, ma molto gravemente.

E non me lo disse mai. Non aveva voluto che io lo sapessi, non aveva voluto concedermi questa soddisfazione, e non solo perché era troppo offeso con me. Ma da garantista di ferro mio «padre-giurista-cittadino», tre volte oltraggiato dal mio gesto, non poteva non dire ai miei inquisitori che se la sostanza morale della faccenda era tutta dalla loro parte, e se certamente si sentiva costernato perché suo figlio aveva agito come un piccolo delinquente, tuttavia sul piano del rispetto delle forme, che in uno Stato di diritto è tutto, loro erano stati inadempienti, e cioè ingiusti e sciatti. Non voleva fare ricorso, per carità, e nemmeno protestare pubblicamente per non darmi un alibi che mi lasciasse l'agio di sottovalutare i miei indiscutibili torti. Ma intendeva ricordare loro, su carta intestata, che non rispettando i miei diritti avevano commesso un'ingiustizia. Che le forme vanno rispettate, sempre. Che i diritti non sono elastici da stringere e tirare arbitrariamente. E tutto questo detto da un fascista, non da un liberale progressista. Da un padre fascista che non volle mai dirmi fino in fondo quanto il mio comportamento da bullo politicizzato lo avesse disgustato. Ma che non volle mai che io potessi compiacermi come vittima di una procedura viziata nella forma e, dunque, illegittima. Mio padre covava in sé un'insanabile contraddizione tra il suo fascismo e il suo garantismo. Ma quella volta, con quella lettera così importante tra le mani, ho imparato che certe contraddizioni, certe cose che non tornano, certe incongruenze inspiegabili riescono forse a dare un sapore più forte alla vita, anche se gli enigmi più dolorosi non verranno mai sciolti.

IV

«Nati in un cupo tramonto»

Mio padre mi mostrava spesso la fotografia del Duce immortalato nel suo momento più triste, emblema di un fascismo esausto, stanco, finito. Era la famosa immagine, scattata all'indomani dell'8 settembre, del Mussolini appena liberato sul Gran Sasso dai tedeschi di Otto Skorzeny, il viso scavato e non rasato, gli occhi mesti, l'aria avvilita, un cappotto enorme e sformato, il bavero rialzato e un cappellaccio nero a rendere ancora più evidente il pallore del volto emaciato. Per mio padre era la riproduzione del suo stato d'animo più autentico, la fotografia che gli trasmetteva le emozioni più intense e che gli si era piantata nel cuore senza potersene mai più liberare. Di tanto in tanto, ovviamente, sfogliava per me e per noi gli album delle foto che raccontavano un fascismo completamente diverso. Un fascismo allegro e baldanzoso, trionfante e guascone: il Duce aviatore, il Duce che nuotava, il Duce a cavallo con la spada dell'Islam, il Duce atleta, il Duce osannato mentre arringava, con tutto il suo repertorio istrionico di mosse e boccacce, le folle oceaniche dallo storico balcone. Ma per mio padre il fascismo allegro era stato oramai sentimentalmente archiviato come un prezioso patrimonio della sua gioventù perduta, riposto in un cassetto della memoria. Il suo vero fascismo era adesso il fascismo triste, segnato dalla disfatta, come il Mussolini detronizzato e in fuga da Campo Imperatore. Era la prova del fuoco che lo aveva reso adulto suo malgrado, colmo di rimpianti per un passato che sapeva non sarebbe mai più tornato.

Mio padre è nato nell'ottobre del '22. Il 25, tre giorni prima della Marcia su Roma, che è del 28. Anche Raffaele La Capria è nato nell'ottobre del '22, e ne ha scritto come di una maledizione: «Mentre nascevo io, per una spiacevole quanto involontaria coincidenza, nasceva anche il fascismo». Il contrario di quello che pensava mio padre, che infatti salutava quella coincidenza come una benedizione del destino, e la sua nascita come un promettente annuncio, uno squillo di tromba a tre giorni dalla grande adunata che avrebbe inaugurato l'anno I dell'èra fascista. Per mio nonno fascistissimo, incontentabile, le cose sarebbero potute andare ancora più gloriosamente, e una volta l'ho sentito rimproverare bonariamente mia nonna per non aver saputo aspettare altri tre giorni, defraudandolo così del momento perfetto: il suo primogenito (Vittorio come primo nome, Emanuele come secondo, prova suprema di fedeltà familiare alla Corona) nato lo stesso giorno della Marcia su Roma. L'apoteosi. Ma a mio padre, quando parlava di quella «involontaria coincidenza», si illuminava ancora lo sguardo dell'adulto che era diventato, come se sentisse rivivere in sé il fascismo allegro cancellato dalla sconfitta, la freschezza di un neonato fascista per coincidenza anagrafica, di un bambino fascista, di un adolescente fascista, di un giovane fascista che portava con sé esattamente gli stessi anni del Ventennio. Mio padre era venuto su insieme all'Italia fascista. E se il fascismo è stato, secondo Piero Gobetti, l'autobiografia della nazione italiana, l'adolescenza fascista di mio padre ha coinciso senza riserve con l'adolescenza della nazione italiana.

Un fascismo con i brufoli, sventato ma entusiasta, in cui l'Italia della «nazionalizzazione delle masse», l'«Italia in cammino» magnificata da Gioacchino Volpe, sembrava rispecchiarsi, se si eccettua lo sparuto drappello dei dissidenti e dei fuoriusciti, in modo quasi unanime. E con impeto giovanile. Tutto un esaltarsi di paroloni, sbruffonaggini, riti di passaggio, millanterie, fanfaronate, smargiassate che, come avviene nelle più incontinenti fantasie dell'adolescenza, avevano una relazione assai debole, se non inesistente, con le durezze della realtà, ma che nondimeno rinsaldavano la coesione di gruppo e il senso di appartenenza. Tutto quel fragore di gridi di battaglia come l'«eja eja alalà» coniato da d'Annunzio durante l'orgia nazionalista di droga, sesso e sfrenato militarismo patriottico consumata a Fiume. La prepotenza da bulli impuniti degli squadristi con i manganelli sguainati, che urlano tracotanti «All'armi siam fascisti, terror dei comunisti» e somministrano alla vittima inerme l'olio di ricino dell'umiliazione: come il branco che si diverte, tutti contro uno, a sottomettere il perdente. E la sfilza roboante di slogan, parole d'ordine e proclami imperiosi che sembravano fabbricati apposta per la soddisfazione dei gradassi che amano spararle grosse: «Spezzeremo le reni» a questo e a quello, l'impero che risorge «sui colli fatali di Roma», «Credere, obbedire, combattere», «Otto milioni di baionette», «Li fermeremo sul bagnasciuga», «Vincere e vinceremo!», «Libro e moschetto fascista perfetto», «Molti nemici molto onore», «Meglio un giorno da leoni che cento anni da pecora», «Se avanzo seguitemi, se indietreggio uccidetemi, se mi uccidono vendicatemi».

E poi, per un sacco di ragazze e di ragazzi, la scoperta sorprendente del mare e delle gite a bordo delle nuove Littorine: le prime vacanze con i coetanei. Il gusto delle adunate oceaniche. L'Italia intera in divisa, compresi i bambini, il fez spavaldo, «Fischia il sasso, il nome squilla dell'intrepido Balilla». Tutto un clima effervescente e vitalista, segnato da un divario macroscopico tra le parole e le cose, come poi è stato tragicamente dimostrato dalla catastrofe bellica. Ma quel divario tra la fantasia e la realtà veniva magicamente annullato dal frastuono degli esercizi ginnici, dei gagliardi «A noi!», dei versi di Salvator Gotta «Giovinezza, giovinezza, primavera di bellezza / della vita nell'asprezza, il tuo canto squilla e va», in cui ogni sogno e ogni bugia sono vissuti alla stregua di un fatto reale, come appunto accade nell'adolescenza. Anche in quella di una Nazione. Anche in quella di mio padre, quando il suo fascismo era, ancora per poco, per pochissimo, allegro e vitale.

A un certo punto, all'indomani del 25 luglio, quando i busti del Duce vengono scaraventati giù dai piedistalli nella furia popolare, e poi con l'8 settembre, quando «muore la Patria», nella vita di mio padre poco più che ventenne tutto questo tripudio di spacconate svanisce, e la realtà tragica si riprende il centro della scena. Sulla festa adolescenziale cala il sipario, e un senso di sventura subentra nei giovani fascisti come lui che decidono in poche ore di consacrare le loro vite al crepuscolo fosco di Mussolini e di giurare fedeltà a una causa perduta. Si addensa su di loro un'ombra sempre più pesante, fino all'oscurità totale. Nel fascismo trionfante si era già celebrato il culto della morte da sfidare, del martirio, dell'eroismo che esigeva il sacrificio della vita: ma era come se tutta l'Italia avesse voluto stringersi ai suoi militi noti e ignoti caduti per la grandezza della Patria. Invece, negli ultimi mesi di Salò l'esaltazione necrofila diventa la bandiera nera di un pugno di disperati. Prende imperiosamente il sopravvento, e senza contrappesi, la simbologia dei teschi, degli ossari, delle tombe. Comincia a ristagnare, asfissiante, un'atmosfera cimiteriale. Gli inni funebri, l'omaggio ai sepolcri, i camerati da seppellire.

Non è la solita guerra che compie la sua solita strage e che, come sempre, familiarizza con la morte chi la subisce: è il fascismo che finisce in un'apocalisse fosca e cruenta. Il Duce impettito che mandava in delirio le folle cede il passo a quello, presago della fine oramai incombente, dell'ultimo discorso al Lirico di Milano, mentre la Repubblica sociale è sul punto di dissolversi. Gli adolescenti di ieri vanno «a cercar la bella morte». I bollettini militari dicevano il falso, quando cantavano vittoria. E l'idea consolatoria che tutto stesse precipitando soltanto per colpa dei «traditori» del 25 luglio e dell'8 settembre perde qualsiasi, sia pur residua, credibilità. Si spegne il vitalismo. La «giovinezza» e la «primavera di bellezza» sono solo un ricordo. E quei giorni plasmeranno per sempre il fascismo triste negli anni del dopoguerra. Il suo e quello dei camerati che condivideranno con mio padre un destino di reietti politici.

Tornando alla spicciolata nelle loro case, i fascisti sconfitti come mio padre trasferirono nella vita civile un funerale in fondo al loro cuore, e per sempre. Quando nacque il Movimento sociale per raccogliere i dispersi e gli irriducibili, e mio padre ricordava quella nascita con le lacrime agli occhi, nell'incipit dell'inno del partito i reduci della disfatta non riuscirono a risparmiarsi i versi più tenebrosi (scritti da Almirante in persona) del loro fascismo triste: «Siamo nati in un cupo tramonto / di rinuncia, vergogna e dolore». Nasceva un partito, l'alba, un nuovo e promettente inizio, e si evocavano invece le ombre di un «cupo tramonto», di una fine, di un dolore, di una sconfitta irrimediabile. Sembra una contraddizione paradossale, ma è l'esatta rappresentazione di uno stato d'animo offuscato da un garbuglio di sentimenti. Tutto in loro parlava di morte, di lutti, di cupezza. Prese subito forma la congettura, a cui mio padre per la verità non dava molto credito ma che si propagò con la velocità delle leggende lungo canali semiclandestini, che il simbolo del Movimento sociale fosse stato stilizzato in quel modo per raffigurare un'immaginaria bara di Mussolini (con la scritta M.S.I. a sovrastarla, che ne facilitasse la decifrazione) da cui si sprigionava, come un gigantesco fuoco fatuo, una possente fiamma tricolore.

Con l'ossessione delle bare e delle tombe, i fascisti superstiti della sconfitta riuscirono pure a ravvivare il gusto perduto della beffa e dell'audace colpo di mano, esaltandosi e quasi commuovendosi, come in un rito di riappropriazione di un'icona sacra, per il trafugamento della salma del Duce, trascinata con una carriola dal cimitero di Musocco e trasportata in un luogo segreto, prima dell'approdo finale a Predappio: Domenico Leccisi, l'ideatore ed esecutore del «bel gesto», venne praticamente issato su un piedistallo e considerato per decenni un eroe nel mondo fascista e neofascista. La loro adolescenza spezzata cercava di rivivere in qualche impresa temeraria, come quella dei nostalgici dei Fasci di azione rivoluzionaria che nel '46 riuscirono a occupare la stazione radio di Monte Mario a Roma per trasmettere, collegandosi a un grammofono, le note di *Giovinezza*: mio padre me la raccontava come una elettrizzante vendetta ai danni dei «vincitori», umiliati da quella burla. E i primi giornali fascisti esibivano testate dal sapore goliardico e scolastico che sembravano altrettanti omaggi all'età dell'adolescenza squadristica oramai svanita: da «Rataplan» ad «Asso di bastoni», a «Rivolta Ideale». Queste imprese, questi nomi, questi gesti beffardi risvegliavano in lui un senso di nostalgia lancinante. Si capiva che erano tentativi un po' patetici di ritrovare il tempo perduto, di quando si sentivano conquistatori, giovani e forti. La realtà degli esuli in Patria, sconfitti ed emarginati, era però molto diversa. Messi al bando nella nuova Italia, i fascisti come mio padre si asserragliarono, la definizione è di Mario Isnenghi, in una minoritaria «ridotta della memoria». Era la loro strategia di sopravvivenza. Un modo per non disperdersi ed evaporare nella solitudine o nella diaspora, almeno nel ricordo.

Ma erano ricordi atroci, lugubri, spaventosi. Quando ero bambino, un ragazzo ancora no, e mio padre aveva voglia di ritagliare per me un po' del suo tempo, oppure si sentiva in vena di racconti, o intuiva la mia sia pur non impaziente disponibilità ad ascoltarlo, l'Italia che mi descriveva finiva sempre per esser popolata di orchi, e questi orchi, nella mia mente impressionabile e vulnerabile a ogni emozione terrificante, si chiamavano «partigiani». Creature malvagie che attorno al '45, anche dopo il 25 aprile, avevano praticato ogni genere di angherie su mio padre e su quelli come lui. Era una ferita aperta, quella che mi mostrava a quasi vent'anni di distanza da quei fatti dolorosi, e che spandeva ovunque il suo odore di malattia. Di paranoia, anche. Una rappresentazione delle cose che mi trasmetteva paura e angoscia, perché sentivo, senza capirne le ragioni, che quegli orchi, per un certo numero di giorni, di mesi e di anni, avevano deciso arbitrariamente di prendere mio padre come loro bersaglio, esercitando su di lui nefandezze di tipo sadico. Quando ancora Giampaolo Pansa non era noto, e prima di essere considerato da mio padre soltanto un'illustre firma nemica e di sinistra (dopo qualche anno, per dire come cambiano paradossalmente le cose, il «revisionista» buono della sinistra stimato dai fascisti sarebbe diventato Giorgio Bocca, per un suo libro non demonizzante sulla «Repubblica di Mussolini»), il «sangue dei vinti» irrorava già da tempo le fantasie persecutorie con cui ero stato contagiato, privo di difese. Se i «vincitori» li chiamavano i giorni della Liberazione, nel racconto di mio padre erano i giorni neri delle vendette, delle violenze, dei soprusi.

Si squadernava davanti a me la geografia di un'Italia dell'orrore che peraltro riuscivo con molta difficoltà a connettere con la vita di tutti i giorni, quella in cui l'Italia mi sembrava tutt'altro che un inferno. Località ordinarie, pacifiche, tipiche della bella e opulenta provincia italiana, e talvolta addirittura gradevolmente pittoresche, si trasformavano invece, nella mia immaginazione, istigata dai racconti del terrore che mio padre avvertiva l'urgenza di trasmettermi, in raccapriccianti luoghi di dannazione. Andavamo in vacanza (in vacanza: cosa di più normale e pacifico dell'andare in vacanza?) verso le Dolomiti, con la macchina. Nei pressi di Carpi, tra Modena e Reggio Emilia, mio padre rallentava con la Ford Taunus di cui andava orgoglioso e tutte le volte, con lo stesso tono di voce, ripeteva accigliato: «Qui i partigiani mi volevano accoppare». Non erano parole che un bambino potesse accogliere senza un brivido di apprensione e di sgomento. Al tempo, inoltre, non era stata ancora aperta l'autostrada del Brennero. Si dovevano attraversare paesi e cittadine, e nel periodo estivo non era così raro scorgere in lontananza, in una zona marcatamente di sinistra come quella nei dintorni di Modena, le bandiere rosse di qualche periferica Festa dell'Unità, tanto per rendere anche cromaticamente più vivido il contrasto tra il mondo di mio padre e quello di Carpi. E per dire quanto fosse ravvicinato l'incontro con chi avrebbe voluto, meno di vent'anni prima, addirittura «accoppare» mio padre.

Ma nella geografia dell'orrore c'era anche «Schio». Già adulto, sovrappensiero, il treno dove viaggiavo si fermò una volta alla stazione di Schio. Quando l'altoparlante annunciò a volume altissimo «stazione di Schio» ebbi un sussulto, il rigurgito incontrollabile di un ricordo doloroso: mio padre, infatti, nominava continuamente «Schio», e quando pronunciava la terribile parola «Schio» intendeva riferirsi sempre all'«eccidio di Schio», provincia di Vicenza, dove nel luglio del '45 un gruppo di ex partigiani fece strage di 54 detenuti, di cui solo la metà risulteranno, nelle indagini successive, fascisti acclarati. Che paura, «Schio».

Poi, una delle capitali della grande crudeltà messa in mostra dai «vincitori», secondo i racconti tramandati da mio padre, si chiamava «Codevigo», in provincia di Padova, dove all'indomani del 25 aprile i fascisti o presunti tali furono presi a decine, fucilati e i loro cadaveri gettati nel fiume dai partigiani al comando di Arrigo Boldrini,

«Bulow»: «C'era anche la maestra del paese» sottolineava indignato mio padre, e io mi chiedevo che cosa avesse fatto la maestra del paese di così malvagio per meritarsi un simile trattamento. E la «Garfagnana»? Scosso dai racconti di mio padre, la Garfagnana, dove lui aveva combattuto, dove era stato catturato e dove stava per essere fucilato sul ciglio della strada con la sbrigatività della giustizia sommaria se non fossero intervenuti gli americani, quella «Garfagnana» da incubo si era deformata nella mia immaginazione in un luogo minaccioso e avvolto nelle tenebre, tutto forre, gole, crepacci, una giungla impenetrabile e assediata dai selvaggi, oppure in un gigantesco cimitero da attraversare da solo, di notte, tra le tombe, possibilmente nella tormenta. Ma quella era la «Garfagnana» della «ridotta della memoria» fascista, era quella degli incubi di mio padre, trasferiti al figlio ancora bambino. Quando ho conosciuto la vera Garfagnana, quella reale, quella normale, quella estranea alla geografia dell'orrore, quella vivace e attraente, quella diversa dall'Italia cattiva che voleva far del male a mio padre, ho scoperto dei posti stupendi, meravigliosi. Dove cerco di tornare tutte le volte che posso, finalmente riconciliato con la realtà e con la geografia. E pure con l'Italia, se così si può dire.

Poi scendevamo nelle catacombe, io e mio padre, in compagnia ideale, non fisica ma spiritualmente presentissima, di un signore che si chiamava Giorgio Pisanò, «il camerata Giorgio Pisanò» per l'esattezza. Era un giornalista fascista, che somaticamente ricordava qualche tratto mussoliniano: dal cranio che con il passare degli anni diventava sempre più calvo come quello della «buonanima» (lo chiamavano spesso così, tra i fedelissimi) fino alla mascella prominente che lui atteggiava in modo da renderla ancora più «volitiva», come amavano definire, ammirandone la virile energia, quella del Duce. Non guastava, come tappa di avvicinamento a un'affinità sempre più accentuata con l'amato capo del fascismo, la pronuncia emiliana non dissimile da quella romagnola di Mussolini: *fassismo* e *fassista*, con lo sradicamento pressoché totale della lettera «c». L'identificazione fisica era quasi perfetta. Era totale e senza riserve, invece, l'abnegazione con cui Pisanò si era messo ad accumulare ogni genere di materiale sulle «persecuzioni» e le turpitudini commesse dai partigiani sui fascisti e le fasciste della Repubblica sociale durante la guerra civile e dopo. Era diventato il numero uno della controstoria fascista. L'incarnazione del revisionismo storiografico portato fino alle estreme conseguenze. L'indiscusso leader della memorialistica nera, sin da quando aveva cominciato la sua attività nel giornale del neofascismo milanese «Il Meridiano d'Italia», il cui direttore Franco De Agazio era stato fatto fuori nel dopoguerra dai killer della Volante Rossa, diventando perciò, nel mondo dei vinti, l'ennesimo martire assassinato dai «vincitori». Era la penna di punta di «Oggi», quando il giornale era diretto da Edilio Rusconi. E acquisì anche la testata del «Candido» di Giovannino Guareschi, trasformandone però quasi integralmente la fisionomia. Era l'autore di libri con titoli che emanavano un sapore sempre un po' lugubre come *Sangue chiama sangue*, oppure baldanzosamente pugnace come *La generazione che non si è arresa*, e che avevano grande diffusione, curati e venerati come testi proibiti da passare semiclandestinamente di mano in mano, nei sotterranei in penombra del mondo sconfitto.

Pisanò era diventato il collettore di tutte le memorie negate della destra italiana. I parenti dei fascisti fucilati dopo il 25 aprile gli inviavano foto, documenti, storie, oggetti, testimonianze. E lui, a poco a poco, aveva costruito un immenso archivio martirologico che avrebbe offerto munizioni a quello che sempre Isnenghi definì «il campo trincerato del ricordo» del mondo dei vinti. Quando ho avuto occasione di incrociarlo, esattamente tre mesi dopo la morte di mio padre, inviato nel settembre del '90 dal direttore del mio giornale Paolo Mieli per seguire a Reggio Emilia le rivelazioni sui crimini postresistenziali del «triangolo della morte», era come se Pisanò, con cui non avevo mai scambiato una parola né mai l'avrei più scambiata, ricordasse, pure in quel trambusto tardivamente surriscaldato di guerra politico-storiografica, una presenza ai miei occhi molto familiare. Quando entravamo nelle catacombe del ricordo, infatti, lo spirito e la lettera di Giorgio Pisanò, del «camerata Giorgio Pisanò», c'erano sempre e anzi recitavano con costanza il ruolo dei protagonisti assoluti.

O almeno, dico «catacombe» anche se non erano proprio catacombe reali. Ma nella memoria si profila nettissimo il ricordo di un'atmosfera pesantemente catacombale, diciamo pure vagamente funerea. Il luogo prescelto era la biblioteca che occupava una stanza dello studio di mio padre, dove di tanto in tanto, ancora frequentavo la scuola media, mi piaceva andarlo a trovare per poi tornare a casa insieme, giusto il giro dell'isolato. Se avanzava del tempo prima di rincasare, però, mio padre non disdegnava di ripetere con me la cerimonia sacra del ricordo un po' tetro delle vicissitudini patite da quelli e quelle come lui. Quando ciò accadeva, dicevo tra me e me: «Mannaggia, potevo restarmene dov'ero», ma oramai non si poteva più tornare indietro. La cerimonia sacra aveva immancabilmente inizio e si svolgeva sempre e solo nella biblioteca-catacomba, come se la liturgia richiedesse riti e attenzioni particolari, da rispettare scrupolosamente e senza sciatterie. Del resto, tutto cospirava a fare di quel luogo il sacrario destinato a custodire i reperti di una memoria luttuosa: il lampadario centrale che stranamente, a differenza delle altre stanze molto luminose, dava un'illuminazione assai debole e fioca; una libreria imponente con gli scaffali di legno scurissimo e massiccio; i volumi allineati senza la traccia del minimo disordine, per la maggior parte codici e testi di diritto, rilegati con colori volutamente smorti e severi.

Poi, nella parte inferiore delle librerie, chiusi a chiave, gli armadietti colmi di faldoni, cartelle, cartelline, contenitori. E infine, in tutto quell'oceano di carta, come in un *sancta sanctorum*, i fascicoli che settimanalmente Pisanò andava sfornando proprio in quegli anni per comporre l'opera che sarebbe diventata la *Storia della guerra civile in Italia*, il monumento supremo della memoria fascista conculcata.

Mio padre già curava e archiviava quell'opera *in fieri* come una reliquia conservata dentro una cripta. In quelle pagine e in quelle foto era trascritta la «sua» storia. Era la storia, mi diceva, che i «vincitori» non raccontavano e, peggio, facevano finta che non fosse mai accaduta. Era il «suo» messaggio, e pretendeva come un obbligo morale che io dovessi assorbirlo per compensare gli effetti nefasti della propaganda del nemico con cui «gli altri» imbottivano di menzogne le teste di noi bambini. Di quei fascicoli ricordo nitidamente la vastissima e minuziosa documentazione fotografica. Sempre lo stesso tipo di immagini, ossessivamente ripetute, con mio padre intento a declamare le didascalie che sembravano strazianti necrologi ed emanavano, oltre che lutto, risentimento e rabbia sconfinata: cadaveri scempiati di repubblichini appena fucilati; militari con la divisa della Repubblica sociale fotografati subito prima di essere impiccati, afflitti, terrei e laceri tra gruppi di partigiani in festa e con mitra e fucili bene in evidenza; donne con lo sguardo del terrore, brutalmente rapate e con il capo cosparso di pece e catrame per impedire la ricrescita dei capelli. Tra di loro c'erano le ausiliarie repubblichine, che si chiamavano appunto «ausiliarie» perché persino nel fascismo militarizzato e apocalittico delle ultime ore alle donne era vietato tassativamente di portare armi, per impedire, anche in condizioni così estreme, che uscissero dal recinto del loro ruolo subalterno e «femminile». E, soprattutto, c'erano le ragazze portate alla gogna, colpevoli di aver avuto relazioni sentimentali o sessuali con i fascisti o con i tedeschi, o di averne approfittato per ricevere la miseria di qualche favore o di un po' di cibo, e perciò costrette, tra sputi e spintoni, a portare cartelli con su scritto PUTTANA FASCISTA.

Io ero un bambino. Mio padre conosceva le delicatezze di un linguaggio adatto a un bambino, era una persona sensibile e perciò parlava di quelle cose solo per perifrasi, ellissi e allusioni. Ma il messaggio terribile che negli anni successivi mi sarebbe arrivato chiarissimo, sebbene non provato, era che molte di quelle donne furono violentate proprio dai facinorosi sghignazzanti e con le cartucciere e il mitra a tracolla di quelle foto. E solo tanti anni dopo quelle visite catacombali, mio padre si sentì finalmente libero di rivelarmi quello che era un dogma nel suo mondo fascista, ma tutt'altro che accertato dalla storiografia più accreditata, e cioè che Claretta Petacci era stata stuprata, prima di essere uccisa a Dongo e appesa a testa in giù a piazzale Loreto accanto al cadavere di Mussolini. Dalle cui tasche rovesciate, ripeteva mio padre come in una formula imparata a memoria dal messale, «non era uscita nemmeno una lira».

Del resto, quei fascicoli che mio padre sfogliava lentamente, affinché suo figlio non perdesse nemmeno un frammento delle nefandezze lì documentate, erano fitti di nomi di persone, di «partigiani» particolarmente efferati, che nella mia immaginazione si imprimevano con forza come simboli della crudeltà e della ferocia. Primo fra tutti, continuamente citato, deplorato, maledetto, quello di Francesco Moranino, nome di battaglia «Gemisto», il partigiano comunista inseguito dalla giustizia italiana negli anni del dopoguerra, costretto a riparare per i suoi delitti nella Praga sovietizzata e a cui il presidente Giuseppe Saragat concederà la grazia soltanto nel 1965, proprio negli anni delle nostre discese agli inferi con le foto di Pisanò. Quel nome si conficcò così brutalmente nel mio sistema emotivo e nel mio inconscio politico come emblema della perfidia, che anche tanti e tanti anni dopo, dovendo dare un nome al personaggio del supercattivo nelle favole da me appositamente inventate per mia figlia, istintivamente la scelta stava per cadere proprio su «Gemisto». «Gemisto» il crudele: una tentazione fortissima, quasi irresistibile. E invece riuscii a resistere. Ci ripensai e fortunatamente mi fermai in tempo. Infliggere a mia figlia le stesse paure che mi avevano angustiato da bambino in quella biblioteca-catacomba, rievocare gli incubi del nonno fascista, che peraltro lei non aveva mai conosciuto di persona, sarebbe stato un atto vile, e di insensibilità assoluta. Lasciai nascosto «Gemisto» nell'archivio dei miei ricordi sgradevoli e per il cattivo della favola optai senza altre esitazioni per il nome di un giornalista molto famoso. Mia figlia, quando ha scoperto che esisteva veramente un signore in carne e ossa con quel nome e che per giunta faceva lo stesso mestiere di suo padre, ne ha riso di gusto, e io con lei.

V

«Latrina della storia moderna»

Ai fascisti, non solo in Italia, non è mai stato riconosciuto l'onore della sconfitta. Per questo il loro «campo trincerato» dei ricordi è stato così sovraccarico di veleno, così inquinato dal rancore, dalla percezione di un'ingiustizia, da un senso insopportabile di esclusione, dall'emergere prepotente di una recriminazione continua. La loro stessa memoria è stata dannata. Quando divennero bersaglio dei furori della Rivoluzione francese, per dire, gli aristocratici spazzati via dalla tormenta giacobina si rinserrarono nel loro orgoglio ferito di *étrangers de l'intérieur*, crogiolandosi addirittura nelle fantasie gratificanti dell'incomparabile dignità del vinto messo al bando dai nuovi barbari. I fascisti sconfitti, invece, non hanno avuto consolazioni nemmeno nella fantasia. Gli esuli in Patria, dopo la tempesta del '45, sono stati additati al ludibrio, schiacciati dall'ignominia, indicati come la personificazione stessa dell'infamia. Non è stata concessa loro la dignità della causa persa con cui spesso nella storia, come ha scritto Wolfgang Schivelbusch, la «cultura dei vinti» ha cercato e trovato, pur nella disperazione, un risarcimento simbolico: la «nobiltà della sconfitta», il mito dell'eroe che soccombe ma combatte con onore, la poesia, malinconica e galvanizzante insieme, del bel gesto disinteressato. Persino agli sconfitti della guerra civile americana, nota Schivelbusch, nonostante la loro complicità con le nefandezze dello schiavismo e del razzismo, non è stato negato lo status di eroici cavalieri, di «gentiluomini del Sud» portatori di un mondo sconfitto, ma non privo di una sua pur distorta grandezza, raffigurato non senza venature di nostalgia in un film di enorme successo come *Via col vento*. Dalla «parte sbagliata», ma senza il linciaggio del disonore.

Ai fascisti no. A loro è toccato di vivere nell'ombra irredimibile del male assoluto. Sono stati sommersi dal disprezzo persino nelle cerimonie ufficiali. Sono diventati addirittura un epiteto denigratorio che non ha perduto la sua carica di deplorazione nemmeno nel suo trito abuso banalizzante. «Fascista» è stato il peggiore degli insulti, un verdetto di condanna inappellabile, un marchio infamante. Soprattutto se indirizzato non ai vecchi fascisti che occuparono posti di potere nelle gerarchie del regime al suo apogeo, ma a quelli più giovani che presero le armi nel crepuscolo degli dèi. E per i figli dei fascisti che, come me, hanno poi compiuto nella vita scelte diverse e opposte a quelle dei loro padri, il peso di questa condanna è stato motivo di dolore, di sconforto, persino di vergogna. C'è voluto tempo e fatica per liberarsi di questo peso. Per arrivare a vergognarsi di aver provato questa vergogna meschina. Per restituire onore, dignità, umanità e forza morale ai padri fascisti contro cui abbiamo furiosamente combattuto quando erano vivi. Ed erano soli, contro tutti.

Nel suo *La vita come un romanzo russo* Emmanuel Carrère ha scritto del «segreto di mia madre», ossia dell'atroce sorte di Georges Zurabişvili, emigrato georgiano giunto a Parigi negli anni Venti. Un uomo colto e innamorato delle idee e della filosofia, che in esilio si guadagnava da vivere guidando un taxi e scriveva lettere prolisse e deliranti in cui versava la sua immensa e inconsolabile frustrazione. Nei giorni della Liberazione venne preso nella casa dove i «liberatori» avevano fatto irruzione sfondando la porta, arrestato e portato via da degli sconosciuti. Zurabişvili era il padre di Hélène Carrère d'Encausse, il nonno di Emmanuel. Nessuno lo ha più rivisto: «Il suo corpo non è mai stato ritrovato. Non è mai stato dichiarato deceduto. Non c'è tomba con il suo nome». Il nonno di Carrère non aveva compiuto particolari efferatezze, non gli era stato contestato alcun delitto specifico. Aveva fatto l'interprete al servizio dei tedeschi occupanti, lavorando per loro con compiti amministrativi: una forma di collaborazionismo blando, molto diffuso nella Francia di quegli anni. Ma su di lui cadde la dannazione della memoria, a cominciare da quella della figlia, la madre di Emmanuel, che ha voluto sradicare dalla propria vita ogni traccia, persino anagrafica, delle sventure paterne: «Da adulta, la ragazza povera con un cognome impronunciabile è diventata sotto il cognome del marito – Hélène Carrère d'Encausse – docente universitaria, autrice di best seller sulla Russia comunista, postcomunista e imperiale. È stata eletta all'Académie française, oggi ne è segretario a vita. Questa straordinaria integrazione in una società nella quale suo padre ha vissuto ed è scomparso da paria si è costruita sul silenzio e, se non sulla menzogna, sul diniego».

Menzogna dettata dall'opportunismo, dalla convenienza, dal cinismo carrierista? Oppure un incommensurabile senso di vergogna, il peso schiacciante di un passato intollerabile, la sensazione che il fantasma di quel padre rinnegato, cancellato, sparito quando lei aveva appena quindici anni, inghiottito dall'oblio e fatto oggetto della riprovazione universale pur senza essersi macchiato di particolari turpitudini, potesse alla fine distruggere lei e tutto quello che lei aveva costruito contando solo su se stessa, nascondendo il fascismo del padre *desaparecido*? Fatto sta che Hélène Carrère d'Encausse, stella del firmamento culturale francese, presenza di prestigio nell'establishment accademico di Parigi, avrebbe voluto morire senza che quel segreto fosse infranto e perciò aveva supplicato suo figlio scrittore di non farne parola finché lei fosse stata in vita. Ma Emmanuel Carrère ha rotto la consegna del silenzio. Perché, nel racconto di sé e del suo mondo, Carrère è uno scrittore che notoriamente non conosce il pudore. Ma soprattutto perché parlare del «nonno fascista» anziché del «padre fascista» non è un impegno sovrastato dallo stesso carico di angoscia, costringe assai meno a fare i conti con se stessi. È molto più facile. Lui, il nipote e non il figlio, non è mai sceso nelle catacombe di una memoria socialmente indicibile.

Che poi, senza arrivare agli eccessi di panico della signora Carrère d'Encausse, mi è facile riconoscere lo sguardo dei figli di fascisti che come me hanno tradito l'ideologia paterna, che hanno rotto con il mondo dei padri e sono passati, per sempre o solo per un po', giusto il tempo di consumare un parricidio simbolico, dalla parte opposta. È uno sguardo che dice: «Guardate che io non c'entro». È lo sguardo di chi sente che la fede del proprio padre è marchiata dall'impronta della dannazione ed è stata messa al bando. Io so quali emozioni agitino i figli dei fascisti che frequentarono il fascismo nella sua disfatta apocalittica. Che sono tanti, perché erano tanti, circa mezzo milione di italiani, le donne e gli uomini che avevano deciso di combattere per Mussolini fino alla fine dei suoi giorni. Sento la comunanza mai dichiarata con chi ha serbato per tanti anni dentro di sé un grande segreto. O che ha minimizzato, nascosto, vissuto come una condizione imbarazzante, oppure semplicemente accantonato per agevolare una buona riuscita nelle relazioni sociali, o ancora più banalmente per non fare da bastian contrario in qualche occasione conviviale, l'esser figli di fascisti in un mondo in cui l'antifascismo è ufficialmente l'articolo numero uno del bon ton ideologico e di una laica, ma non meno dogmatica, «religione civile». «Guardate che io non c'entro», le colpe dei padri non ricadono sui figli.

Per i più esagitati, e anche fanatizzati, è stata la supplica accorata di non considerare il fascismo come una malattia che si trasmette per via ereditaria, una tara genetica, una maledizione anagrafica. Ma senza arrivare a queste punte di isteria autonegazionista, affiora inesorabile in tanti figli dei fascisti che si sono, per dirla con Totò, «buttati a sinistra», la traccia di qualcosa di socialmente inaccettato, che richiede, come segno di sottomissione e timbro di conformità per certificare l'appartenenza alla parte «giusta» della comunità nazionale, una qualche forma di dissociazione preventiva. Così è stato per decenni. Ce n'è voluto, di tempo e di fatica, per lo scongelamento della memoria dai sotterranei del ritegno e dell'autocensura, per l'uscita dalla grande inibizione. Ma nella comunità dei figli dei fascisti basta poco per stabilire un'intesa nascosta, il senso di fratellanza che dà la condivisione di un segreto, la vicinanza con la «parte sbagliata». Un misto di complicità, di non detto e di disagio. Un giorno Vincenzo Cerami, avendo saputo di mio padre, mi accennò, solo accennò con pudore, del suo che aveva qualche anno di più e che, mi fece capire, aveva combattuto nella guerra di Spagna dalla parte di Franco, dalla parte «sbagliata», e percepii qualcosa di trattenuto, insieme a una richiesta di condivisione, a una voglia di riconoscersi che diceva: io e te sappiamo di cosa si sta parlando.

Non era facile parlarne. Ci voleva coraggio e senso di indipendenza, per quelli che avevano scelto di stare dall'altra parte, dalla parte considerata giusta. Non potrò mai sottovalutare l'audacia di Giampiero Mughini, la sua fierezza commossa nell'affrontare il tema del «padre in camicia nera» in anni in cui era difficilissimo farlo: lui, che in casa sua custodiva una splendida collezione di cimeli del futurismo, è stato un po' un apripista per molti di noi. Poi i tempi sono cambiati. Le catacombe si sono aperte. Si è spalancato l'arsenale dei ricordi nascosti al grande mondo. E, dopo lo scontro, è finalmente arrivato anche il momento della rievocazione tenera, come se i figli di sinistra sentissero l'ingiustizia di una mostrificazione dei padri fascisti. La delicatezza e il pudore di Paolo Rossi, il comico amatissimo dalla sinistra, che ha deciso di scrivere una prefazione alle memorie del padre bersagliere della Repubblica sociale per dire ai «figli e nipoti» che «io e mio padre avevamo idee politiche molto diverse». Ma se aveste voglia o spirito per sapere qualcosa di più di Nello Rossi, nonno o zio che ha combattuto dalla parte sbagliata, scrive Paolo Rossi, «scoprirete che siete debitori della vostra esistenza non solo alle naturali coincidenze genealogiche, ma anche a persone a voi distanti e straniere che per alcuni curiosi incidenti della storia portavano il nome di "nemico"». Un appello discreto e non gridato a restituire la storia del padre Nello alla normalità: guardate che la vostra vita, la nostra vita, la nostra storia così fitta di «curiosi incidenti» deve includere anche l'esperienza e l'esistenza di chi portava il nome di «nemico», di chi ha creduto in qualcosa di distante ma che non può essere sepolto per sempre nel pozzo del disonore, perché non è giusto e perché la nostra storia si snoda lungo itinerari nascosti, misteriosi e imprevedibili. E così l'amico Darwin Pastorin, reduce di infiniti e spossanti «scontri di parole» con il padre fascista, racconta a Pansa, oramai senza acrimonia, ma anzi con un senso di nuovo rispetto per scelte opposte alle sue, quella casa piena di dischi a 78 giri con le canzoni fasciste e di raccolte dei discorsi del Duce.

Per scoprire, poi, che proprio la curiosità dei figli dei fascisti che fascisti non sono mai stati e che anzi hanno rotto con il mondo dei padri in camicia nera è stata la scintilla che ha consentito di uscire dalla reticenza su se stessi e di riaprire le dighe di una memoria cancellata. Come Carlo Mazzantini, l'autore di *A cercar la bella morte*, che ha trovato la forza di raccontare ancora la storia sua e dei «balilla che andarono a Salò» quando sua figlia Margaret, scrittrice, aveva fatto cenno, nel *Catino di zinco*, alla furia con cui il giovane protagonista del romanzo si era gettato all'indomani dell'8 settembre verso la «parte sbagliata» della storia: «Così, con voluttà suicida, Vittorio rincorse la guerra, e l'acchiappò su quel treno. La guerra che era già frattaglia, la guerra sconocchiata del finale, fatta di sbandati, disadorna di qualsiasi decoro, latrina della storia moderna». Di questa guerra «latrina della storia moderna» e «disadorna di qualsiasi decoro» avevo riconosciuto tracce, ossessioni, ricordi in quelle periodiche discese nelle catacombe dove mi portava, ancora bambino, mio padre fascista (Vittorio, come il personaggio della Mazzantini). Ma ora la vergogna si è sciolta, e anche l'imbarazzo, la viltà un po' conformista, la paura di condividere un destino di esclusione. Ed ecco perché, quando una mano anonima e maligna ha voluto inserire furtivamente nella prima riga, proprio subito, nell'incipit della mia biografia su Wikipedia, la frase sulfurea «figlio di Vittorio, repubblichino», pensando forse di farmi del male e di indicare all'eventuale lettore quale sangue infetto circolasse nelle mie vene e dunque quanto la mia credibilità fosse geneticamente minata, io ho deciso di non intervenire per correggere o emendare quel testo. Anzi, di lasciarlo lì persino con un certo orgoglio, come a voler testimoniare la fine di un linciaggio pluridecennale. Figlio di un fascista repubblichino, e allora?

Poi, ecco la grande ombra. La pagina più oscura e atroce. Imperdonabile. Aprendo la quale mio padre, sempre così netto nei giudizi, così poco propenso a mettersi sulla difensiva, diventava all'improvviso esitante, insicuro, imbarazzato. Non saprei se «reticenza» sia la parola giusta, perché indica un deliberato occultamento. Ma insomma, sul fatto che il «suo» fascismo, quello di cui ancora rivendicava la passata bellezza, avesse promosso e assecondato la persecuzione degli ebrei, che negli anni della Repubblica sociale fosse in piena funzione la macchina del loro sterminio, attorno a questo punto di rottura avvertivo in mio padre il ribollire di un turbamento doloroso, di un ruminare perenne su qualcosa che assomigliava, o almeno a me pareva che assomigliasse, alla vergogna. Lui minimizzava. O meglio, scomponeva, soppesava, puntualizzava con una forza di convinzione piena di buchi e opacità nella sua memoria solitamente così sorvegliata. Diceva che aveva appena sedici anni quando furono varate le leggi razziste, eufemisticamente, e inspiegabilmente, chiamate ancora «razziali». «A Bari non avevo mai conosciuto un ragazzo ebreo, non ho visto nessun coetaneo allontanato dalla mia scuola» diceva, ma senza una grande sicurezza di sé e di quello che stava sostenendo.

Diceva anche di non aver mai letto nemmeno una riga della «Difesa della razza». Diceva di non avere nessuna pietà per il razzista compulsivo Giovanni Preziosi, del quale si raccontava che dopo il 25 aprile avesse preferito buttarsi dal sesto piano piuttosto che cadere nelle grinfie degli odiatissimi ebrei. Diceva che lo stesso Giorgio Almirante non aveva avuto esitazione ad ammettere il grave, terribile errore commesso con i suoi scritti del '38: «Non mi compiaccio di aver condotto, in perfetta buona fede, campagne che non esito a definire sbagliate e dannose». Poteva bastare? A me non bastava. Non bastava per niente.

«Non mi compiaccio»? Tutto qui? Era, secondo me, una formula debolissima e autoassolutoria: solo un eufemismo, un incolparsi lieve, un espediente per ripulire una macchiolina fastidiosa dall'abito buono che si era nel frattempo fatto confezionare dai sarti postfascisti. Lui, mio padre, ribatteva quasi risentito: «Ti sbagli, il suo è un rincrescimento sincero, conosco bene Giorgio e so con certezza che è così». Ma mentre mi diceva queste cose, l'impressione era che anche lui esponesse le sue ragioni con minore perentorietà, come minato da un dubbio. Diceva, certo, che Almirante dopo il 25 aprile aveva trovato rifugio nella casa dell'ebreo Emanuele Levi, un vecchio compagno di scuola che, a sua volta, era stato aiutato dallo stesso Almirante negli anni di Salò. Ma allora, gli chiedevo, aspettandomi da lui una risposta vera, non elusiva, non furba, non omertosa: scusami, eh, però se c'era bisogno di un atto generoso come quello del tuo amico Almirante per salvare un ebreo, allora sapevate bene della sorte riservata agli ebrei nelle zone controllate dai vostri alleati nazi, sapevate che bisognava proteggerli, sapevate che stavate combattendo per una causa in cui era perfettamente, tragicamente normale che un ebreo, per salvarsi, dovesse essere nascosto da un pezzo grosso del governo di Salò? Mio padre rispondeva sempre allo stesso modo: «Sapevamo, ma non sapevamo in che forme e come». E aggiungeva: «Nemmeno Churchill e Roosevelt lo sapevano, se è per questo». E allora gli chiedevo, testardo e irrequieto, se avesse saputo anche, già al tempo, che nella Costituzione della Rsi era espressamente e orgogliosamente negata, in un articolo di cui non ricordavo il numero, la cittadinanza ai «sudditi di razza ebraica», e se lui ne fosse ancora «orgoglioso». Lui mi rispondeva che non ne era affatto «orgoglioso, e non lo sono mai stato e anzi ne sono straziato». E che sapeva, certo, di quella norma infame, però non credeva che quelle parole portassero automaticamente, consequenzialmente, alla deportazione nei campi di sterminio. Si straziava, ma aggiungeva: «però».

Però c'era sempre un però, nei suoi discorsi e nelle sue reazioni. Si vergognava, moltissimo e sinceramente, «però». Non esitava a definire l'antisemitismo fascista un orrore assoluto, «però». Il «però» come ultima, disperata trincea difensiva. Si commosse fino alle lacrime dopo aver assistito a *Il giardino dei Finzi-Contini*: io non l'ho mai visto tanto sconvolto e turbato alla fine di un film. «Però...» Però che cosa? «Però appare chiarissimo che sino al '38 tantissimi ebrei erano fascisti.» «Sì, ma dopo li hanno ammazzati tutti.» Taceva. Si vergognava. Però non voleva andare fino in fondo al pozzo. Però, sempre al penultimo gradino. Mai, però, fino in fondo all'abisso.

Però si macerava. C'era un'ombra nel suo inflessibile fascismo. La sentiva come una ferita che non si sarebbe rimarginata mai più. Ma ho due ricordi vivissimi che raccontano di un tormento mai sanato, e di un dolore vero, che devo rispettare, anche se il peso di quei «però» mi sembra ancora intollerabile. Uno risale ai tempi della mia febbre estremista, che in questo caso si stava trasformando in delirio fanatico, più o meno attorno al 1972, quando un commando palestinese, durante le Olimpiadi di Monaco, irruppe nei dormitori dove erano ospiti gli atleti israeliani, facendone strage. Ero così furiosamente fazioso, così trascinato dal mio impeto dottrinario, così ciecamente aggrappato alle mitologie insurrezionaliste del tempo, che quasi ero arrivato a considerare, assieme ai miei compagni, Yasser Arafat un tiepido moderato al servizio dello Stato imperialista di Israele, ma quanto ero scemo. Un pomeriggio che discutevo animatamente a casa mia con un compagno su chi fosse il più duro e ammirevole tra Nayef Hawatmeh e George Habash, che capeggiavano due componenti superoltranziste del Fplp (Fronte popolare per la liberazione della Palestina), critico con la dirigenza «moderata» di Arafat, mio padre, passando per il corridoio e prestando orecchio a quelle farneticazioni in cui l'antisionismo di due adolescenti ignoranti si mescolava inestricabilmente a vecchi stereotipi dell'antisemitismo, si fermò per dirci con una certa concitazione e con un tono molto severo: «Ma ancora non vi è bastato? Li volete vedere tutti morti, non capite che vogliono sgozzarli uno per uno? Ma perché con tutto quello che è successo non volete che gli ebrei abbiano un loro Stato?» (lui, poi, aveva un debole per Moshe Dayan, quello con la benda nera, il combattente indomito ferito a un occhio).

Quelle parole ebbero su di me l'effetto di uno choc e l'idea che un fascista – ripeto, un fascista, uno «sbagliato», un reietto, un complice – ci abbia messo in guardia dalle sia pur inconsapevoli valenze antisemite delle nostre idee nei confronti dello Stato degli ebrei, la trovo ancora oggi la prova delle infinite complicazioni che la vita e la politica possono riservarci, sorprendendoci sempre. Fra l'altro, fu da allora che la battaglia per il diritto all'esistenza di Israele è diventata per me un impegno esistenziale e un imperativo morale. Qualcosa era cambiato nel profondo in me, e stavolta per merito di mio padre fascista.

Poi c'è stato, più o meno all'inizio degli anni Ottanta, l'incontro con Fiamma. Una sera a cena in cui mio padre si è fatto raccontare da lei, nei minimi particolari, le vicissitudini della famiglia Nirenstein nei campi di sterminio, i parenti decimati, quelli che non ritornarono, la storia del padre Alberto di cui in seguito volle leggere avidamente *Ricorda cosa ti ha fatto Amalek*. Ne uscì turbato, inquieto, con il cuore in subbuglio: trasformato in modo irreversibile. Era avido di dettagli, voleva che venissero ricostruite senza omettere nessun frammento genealogie e parentele, chiedeva particolari su vecchi, donne, bambini di quella grande famiglia portata al massacro. Dopo quella cena, continuò per tanto tempo a chiedermi di lei, della sua famiglia, di suo padre. Fu contento, e in una certa misura addirittura fiero, quando a Firenze andai una volta a casa Nirenstein assieme a Ernesto, gli unici due *goyim* in quell'occasione, a festeggiare la Pesach, la Pasqua ebraica. Al ritorno mi tempestò di domande: su quello che avevamo mangiato, sulle formule rituali, sulle parole usate, sui racconti di chi era sopravvissuto ad Auschwitz, sul clima di festa, su quale atmosfera si fosse creata quando, al culmine della cerimonia del Séder, così gli avevano detto, si ripete tutte le volte «L'anno prossimo a Gerusalemme». Come se avessi vissuto per lui quell'esperienza. Come a voler riaprire la pagina più dolorosa, più controversa, più conturbante, così carica di vergogna, del suo fascismo mai tradito. E stavolta senza nemmeno un «però». Fiamma venne al funerale di mio padre fascista e io, tanti anni dopo, andai a Firenze per partecipare a quello di suo padre Alberto. Mi piace pensare di aver saputo affrontare con tanto reciproco affetto, io e lei, con storie così abissalmente diverse, la scia dolorosa di un passato tremendo.

E poi capii anche che quella del «nazi-fascismo», con o senza trattino, è certo una categoria dal forte impatto retorico e polemico, efficacissima per i comizi e per le cerimonie, ma dalla scarsa verosimiglianza sul piano storiografico, e figurarsi su quello esistenziale. Mio padre fascista, semplicemente, detestava i nazisti. Lo ripeteva in modo ossessivo: «Sono fascista, sono orgogliosamente fascista, ma io odio il nazismo, odio i nazisti, odio Hitler». Diceva che lui era andato a Salò per difendere l'onore dell'Italia e Mussolini. Non Hitler e la svastica. Io non so se in questa avversione totale, intransigente, assoluta per il nazismo avesse lavorato dentro di lui la vergogna per la complicità negli orrori compiuti sugli ebrei. Credo di sì, ma questo lui non sapeva, non poteva, non voleva dirlo. E non so nemmeno se sia stato un espediente per separare drasticamente se stesso dall'abominio incommensurabile di cui la sua parte si era macchiata. Ma è un fatto che «nazi-fascismo» si attagliasse con troppa approssimazione, anzi con evidente inadeguatezza, all'autentico identikit umano e ideologico di mio padre. Ed è un altro fatto che per decenni mio padre fascista abbia manifestato in tutti i modi il suo implacabile orrore per i nazisti, per Hitler, per la croce uncinata, per le civetterie nazistoidi di alcuni suoi «camerati». Per esempio, disprezzava un suo coetaneo e collega avvocato «anche molto intelligente» che era passato con Ordine nuovo e che, mi raccontava con incredulità mista a un sorriso beffardo, era tra quelli che si recavano nella casa-santuario di Julius Evola per celebrare il solstizio d'estate con non ricordo quali abborracciati riti pagani.

Proscritto com'era dall'Italia antifascista, una volta ricevette in dono un volume dei *Proscritti* di Ernst von Salomon e lo gettò senza esitazione nella spazzatura perché piaceva troppo ai «baffetti», come chiamava con dileggio quelli che si atteggiavano, per mostrarsi bastian contrari e anticonformisti attratti dall'inferno, a seguaci della cultura e della mitologia che avevano nutrito la Germania hitleriana. Non sopportava i suoi «camerati», miei coetanei, che avevano battezzato «campi Hobbit» i loro campeggi ludico-politici. Malato di «senso dell'onore», provava tuttavia disgusto se su qualche striscione neofascista campeggiava IL NOSTRO ONORE SI CHIAMA FEDELTÀ, il motto delle SS: «Roba da vomitare» diceva. Le rune, le croci celtiche, i caratteri gotici dei volantini e dei manifesti gli davano la nausea. Nei primi anni Ottanta ammirava la preparazione intellettuale dei giovani della Nuova Destra, ma sentiva «puzzo di nazi». Una volta scrisse addirittura a mia sorella per esortarla a non far leggere al figlio, cioè a suo nipote, «i libri di Tolkien: sono pericolosissimi, piacciono ai nazisti». Dentro il Msi coltivava un'avversione invincibile per i «rautiani», portatori a suo dire di una deplorevole contaminazione ideologica. Non per Pino Rauti personalmente, di cui anzi aveva grande stima, ma per il «rautismo», che rappresentava nella sua mente l'antitesi del fascismo almirantiano. Del «suo» fascismo, l'unico a cui si sentisse fedele.

Penso che mio padre fascista fosse sincero. L'ho capito una sera, assistendo davanti al televisore di casa alla sua sorprendente reazione a una delle più celebri scene di *Casablanca*:

quella in cui i francesi, con il consenso di Humphrey Bogart gestore del mitico Rick's Café Américain, cercano di coprire attraverso la fierezza della *Marsigliese* le note di un tetro inno tedesco cantato nel locale da avventori con la divisa hitleriana. Ecco, imprevedibilmente mio padre si alzò di scatto dalla poltrona intonando ispirato l'inno francese insieme a Victor Laszlo, l'eroe della Resistenza cecoslovacca a cui Bogart - Rick Blaine sacrifica il suo irresistibile amore per Ingrid Bergman - Ilsa Lund: «*Aux armes, citoyens! / Formez vos bataillons! / Marchons! Marchons! / Qu'un sang impur / Abreuve nos sillons*». Restai basito, non me l'aspettavo. E pensai anche, maligno e malmostoso: sarà forse stato quel «sangue impuro» a fargli cantare con tanta passione *La Marsigliese*? Ecco la domanda permeata di cultura del sospetto che, confesso, mi era venuta in mente quasi come un automatismo. Ma no, è che un fascista si deve sempre giustificare per qualcosa, anche quando ha una reazione identica ai suoi simili, anche quando si commuove per quell'inno come tutti gli altri. E quando, come tutti gli altri, vorrebbe che Ingrid Bergman non partisse e restasse tutta la vita con Bogart tornando con lui dall'aeroporto nebbioso. E quegli orribili nazi venissero umiliati per sempre, e i loro canti messi a tacere, una volta per tutte.

VI

«Il boogie-woogie della sconfitta»

Mio padre portava con sé tracce del fascismo perduto che si riflettevano in parole, modi di dire, tic verbali, ritualità inconsapevoli, nostalgie improvvise, fantasie, avversioni destinate a plasmare la sua quotidianità e quella che pomposamente viene definita «concezione del mondo». Se la sua fedeltà al fascismo riusciva a mimetizzarsi nella vita civile e professionale scandita dalle convenzioni, la sua mentalità fascista si esprimeva tutti i giorni, per anni e anni, nelle preferenze, nelle fobie e nelle idiosincrasie che dal regime trionfante si erano trasferite nell'esperienza tragica e crepuscolare della Repubblica sociale, per poi trovare posto pure nei decenni dell'esilio in Patria, nell'Italia, nell'Italia diventata nemica, rinata con la Costituzione antifascista. Mio padre era fascista quando parlava della famiglia, quando si alludeva alla sfera del sesso, quando si dovevano definire i doveri delle donne, quando disprezzava le «deviazioni», le «irregolarità», le «depravazioni» molto diffuse a suo dire nello schieramento a lui nemico, e anche quando canzonava il linguaggio degli intellettuali che lui definiva immancabilmente, in modo sprezzante, come se fossero la sentina di tutti i vizi e di tutti gli snobismi più odiosi, l'«intelligencija». Mio padre diceva che Mario Scelba era un politico da odiare e da amare. Da odiare perché aveva dato il suo nome alla legge che vietava la ricostituzione del disciolto partito fascista. Da amare perché aveva coniato il termine «culturame», che trovava un'invenzione geniale. Per forza, era fascista, e quell'irridente «culturame» gli si attagliava alla perfezione.

Mi ha sempre colpito, per esempio, che uno dei tic mentali e dei pregiudizi ereditati dal passato regime si fosse incollato dentro di lui come una seconda natura. Un tic tutto sommato innocuo, forse solo una buffa manifestazione di immarcescibile folclore fascista, ossia l'abitudine di attribuire potenti capacità iettatorie all'avversario politico, o anche semplicemente al dissidente. Durante il Ventennio usava molto screditare chi fosse in odore di eresia o di fronda come un portatore di sventure o un menagramo. E il conformismo delle alte sfere del regime provava una maligna soddisfazione a propagare una maldicenza che si immaginava ispirata nientemeno che dal Duce in persona. Una forma di superstizione applicata alla politica che sopravvisse al crollo del fascismo storico e si diluì in piccole scaramanzie private, in minuscole prove, da parte di mio padre, di malcelato esorcismo anti-antifascista. Quante volte lo avrò visto, lui di solito così misurato e autocontrollato, inseguire nelle tasche o sul tavolo oggetti di ferro da toccare vigorosamente quando appariva alla televisione qualche avversario antipatico o sgradevole. Inoltre, il rito scaramantico paterno tendeva a inglobare nella categoria dei menagramo interi gruppi politici, in particolare quelli più inclini al pessimismo antropologico sull'Italia o a una certa posa anti-italiana coltivata snobisticamente come reazione all'arci-italianismo fascista. E infatti, per mio padre, il Partito d'Azione (e tutte le sue successive propaggini) rappresentava quasi un covo di iettatori, una confraternita del malaugurio, un club triste di «visi pallidi», come venivano chiamati, oppure di «fegatosi» che dal primo all'ultimo auspicavano come gufi appollaiati sugli alberi che l'Italia naufragasse e andasse a ramengo per instaurare la dittatura degli intransigenti. Un pizzico di paranoia politica. Ma la paranoia e la superstizione sono da sempre parenti molto stretti.

Un altro tic, invece, era decisamente meno innocuo e folcloristico. E anche, bisogna confessarlo a distanza di tanti anni, parecchio imbarazzante. In un'epoca in cui la parola «gay» era ancora totalmente ignota o comunque inusuale, per mio padre fascista gli omosessuali non si chiamavano così, bensì «pederasti», o «invertiti». È vero che erano definizioni molto diffuse e che la sensibilità corrente dell'epoca era intrisa di pregiudizi ostracizzanti nei confronti degli omosessuali, a destra e anche a sinistra. Ma tra gli amici di mio padre quelle parole venivano pronunciate con l'aggiunta di un particolare disprezzo compiaciuto che altri, magari perché più capaci di destreggiarsi nelle sottigliezze dell'ipocrisia cattolica, non lasciavano trapelare con altrettanta schiettezza. Per carità, mio padre non arrivava all'uso della volgarissima espressione «ricchioni» in nostra presenza, perché per lui era imprescindibile che non si dovessero dire le parolacce di fronte ai figli. L'avrò però visto decine di volte, ammiccante con i suoi amici ma con un compiacimento persecutorio il cui ricordo oggi risulta per me ancora molto sgradevole, mentre si esibiva in quel gesto del dito che titilla ripetutamente il lobo dell'orecchio: un segno di derisione contro un'intera categoria di esseri umani che, per lui e per il suo mondo, portavano con sé qualcosa di spregevole. Nel suo lessico, i pederasti e gli invertiti venivano anche indicati così: quelli «dell'altra sponda». Se si doveva dire il peggio di qualcuno, si insinuava come minimo che fosse passato «dall'altra parte». L'imitazione più scontata dell'omosessuale tra gli amici fascisti di mio padre prevedeva sempre la caricatura abbondante di mossette, urletti e sculettamenti ostentati come Michel Serrault nel *Vizietto* («checca» era, presenti i minorenni, parola da pronunciare solo sottovoce, ma il concetto era quello). Un termine sconosciuto allora: «omofobia». Ma ecco, se quella parola fosse esistita all'epoca, mio padre fascista avrebbe potuto decisamente essere definito omofobo. E mi dispiace, retroattivamente.

Non so come avrebbe reagito se io, anziché dirgli che ero diventato di sinistra, gli avessi confessato di essere «passato all'altra sponda». Ma sono sicuro che sarebbe stata per lui una tragedia senza rimedio, perché comunque una forma acuta di disgusto morale per «gli invertiti» era nella sua testa e nel suo cuore più forte di ogni ragionamento pacato. Era un disprezzo che gli veniva dal profondo dei suoi precordi culturali e dalla mitologizzazione di sé come maschio latino. Uscì sconvolto dalla visione della *Caduta degli dèi* di Luchino Visconti in cui i baldi e ariani giovanotti nazionalsocialisti venivano raffigurati come un branco di degenerati avvezzi, tra l'altro, a smodate lussurie di stampo omoerotico. Da una parte ne fu orripilato, come se Visconti avesse voluto proiettare le sue torbide ossessioni su un pezzo tragico della storia. Dall'altra, però, ne fu quasi gratificato, perché per lui i nazisti avevano sempre un che di losco e depravato, mentre i sani e gioviali e italianissimi fascisti certe cose non le avrebbero mai nemmeno pensate.

Infatti detestava Pier Paolo Pasolini con un'ostilità particolare. Nemmeno gli ultimi scritti corsari, dal sapore molto più reazionario che progressista, addolcirono il suo pregiudiziale rifiuto di leggere anche solo una riga di un «invertito», per di più, mi disse con malanimo verso il bersaglio dei suoi strali, «acclarato corruttore di minorenni». Era tale la sua avversione per Pasolini da fargli bere, lui sempre garantista, la fandonia molto diffusa negli ambienti fascisti, e cioè che l'«acclarato corruttore di minorenni», per mettersi con più agio al servizio dei «vincitori», avesse persino nascosto l'uccisione del fratello partigiano non comunista

Guido da parte dei partigiani comunisti nella strage della malga di Porzûs. La sua ostilità assoluta e immarcescibile per Pasolini venne poi confermata ed esasperata dopo essersi imposto con molte resistenze di informarsi addirittura in anticipo sulla trama del film *Salò o le 120 giornate di Sodoma*, in cui il fascismo della Repubblica sociale era degradato a fenomeno turpe di sadismo vizioso, a teatro di inimmaginabili perversioni e dissolutezze, ultimo gradino dell'abiezione prima della morte morale e dell'apocalisse che avrebbe messo fine a tanta corruzione. Mio padre, quella volta, non riuscì a governare la sua rabbia. Solo con *Novecento* di Bernardo Bertolucci la sua ira avrebbe raggiunto vette simili, perché i fascisti vomitevoli rappresentati da Laura Betti e Donald Sutherland gli apparivano il colmo di una demonizzazione della parte d'Italia cui mio padre, lo sconfitto, intendeva restare fedele fino alla fine dei suoi giorni. Ma con Pasolini era peggio. Perché solo un «invertito», secondo lui, poteva avere il gusto perverso di oltrepassare ogni limite di decenza. Solo un «pederasta» avrebbe desiderato celebrare, come un presagio di morte e putrefazione, un rito osceno per infangare definitivamente il mondo dei vinti: il mondo di mio padre, il suo mondo di ieri, il suo mondo per sempre. (Però era proprio così: concepito dallo stesso regista di grandi opere come *Accattone* o *Il Vangelo secondo Matteo*, quel film di Pasolini era davvero una porcheria inguardabile.)

Un'offesa, un'onta troppo bruciante per non alimentare la sua già inconscia ma poderosa fobia nei confronti di un intellettuale che aveva finito i suoi giorni in quel modo all'Idroscalo di Ostia, poco prima che *Salò* uscisse nelle sale. Mio padre, ne sono certo, non se ne rammaricò, se non forse per una elementare forma di *pietas* cristiana. Ma anche per questo, come ennesima protesta ed ennesimo (forse l'ultimo) atto di insubordinazione, decisi di andare, una fredda sera di novembre, a Campo de' Fiori, al funerale di Pasolini, vicino alla statua di Giordano Bruno, per ascoltare partecipe e commosso l'orazione funebre di Alberto Moravia, uno scrittore che pure mai è stato in cima alle mie passioni.

L'avversione per l'omosessualità era diventata, nella pubblicistica di destra che entrava a casa mia, uno strumento formidabile di denigrazione politica e di squalifica morale per gli avversari che avevano una certa influenza nei palazzi del potere «antifascista». In particolare c'era un giornale molto famoso, il «Borghese» postlonganesiano, che aveva due grandi punti di forza. Prima di tutto la penna acuminata di Gianna Preda, la più brava, che però molti lettori come mio padre trattavano come un uomo per via della sua non macroscopica avvenenza fisica: era bravissima, quindi non poteva essere una donna; era bruttina, quindi doveva essere un maschio «con gli attributi». La seconda arma era un inserto fotografico molto aggressivo che ricordo con una certa nostalgica gratitudine, ma anche con un certo imbarazzo per via del messaggio vagamente spregevole di cui si faceva veicolo. Questo inserto fotografico si divideva a sua volta in due parti, che però stavano tra loro in un voluto rapporto d'opposizione e di contrasto: o almeno, così mi pare di capire soltanto ora, perché quando ero ragazzino il nesso non lo coglievo per niente.

Di queste due parti, la prima era quella in cui venivano esibite bellissime attrici in abiti discinti, donne nude, o seminude, o scollacciate, o comunque con coperture quanto mai approssimative che ne mettevano in evidenza curve e caratteristiche molto sexy. Era la parte che più mi interessava e mi attraeva, una novità assoluta nella mia ancor freschissima esistenza, e infatti appena potevo tentavo di impossessarmene, ovviamente all'insaputa dei miei genitori, che cercavano di controllare i miei movimenti per impedirmi di portare via quelle foto sconvenienti e di inguattarmi in loro compagnia. E quindi di almeno una cosa posso dire di essere estremamente grato a un giornale fascista molto vituperato dall'establishment culturale: di aver spalancato insperati orizzonti peccaminosi nella mia vita, sino ad allora ignara di tante belle cose.

L'altra parte dell'inserto era invece piena di politici, per lo più democristiani, fotografati sempre con l'aria effeminata, nelle pose più morbide, con le mani delicate, lo sguardo costantemente un po' languido, possibilmente in compagnia di assistenti e portaborse molto più giovani. Il messaggio era che la classe dirigente antifascista fosse decisamente poco virile, con inclinazioni per certe debolezze che sarebbe stato meglio non nominare, talvolta con frequentazioni di festini poco raccomandabili (i famosi «balletti rosa», come venivano chiamati), più spesso all'ombra di inconfessabili giochi di sacrestia. Il nesso fotografico con le donne nude adesso mi è evidente, ed era evidentissimo a mio padre, che lo condivideva: rimarcare fino all'esasperazione il contrasto tra i debosciati e mollicci politici della Repubblica antifascista e le donne seducenti e disponibili che soltanto il lettore del «Borghese», vigoroso maschio di destra, avrebbe potuto virilmente apprezzare.

E a proposito di donne. Mio padre, lo si intuiva da mille indizi, da mille parole dal significato inequivocabile, da mille occhiate, da mille perifrasi, da tantissimi modi di dire e di ammiccare, era stato molto toccato, e condizionato per il resto della sua vita, dall'immaginario erotico fascista forgiato e divulgato nel Ventennio trionfante. E aveva contratto un debito inestinguibile con il virilismo ostentato in auge nel regime in cui lui aveva trascorso gli anni più vivi della sua adolescenza. Tra i suoi amici e coetanei, cresciuti nella stessa atmosfera da fascismo ginnico e muscolare e ora catapultati nell'èra postfascista che li aveva messi al bando, circolava ancora con grande compiacimento la leggenda del Duce che nella Sala del Mappamondo, tra un affare di Stato e una decisione destinata a influenzare il sacro destino dell'Italia, con gli stivali indosso concedeva brutali e sbrigativi amplessi agli sciami di signore e signorine irrefrenabilmente attratte da un uomo che emanava fascino testosteronico da ogni suo gesto. E non so se mio padre conoscesse *Eros e Priapo*, credo proprio di no, ma sono certo che alla raffica di insulti a sfondo sessuale che Carlo Emilio Gadda aveva riservato al maschilismo di cartapesta dell'«Inturgidito Modellame», del «Minchiolini», del «Priapo-Imagine» e così via inveendo, lui avrebbe dato tutto sommato una valenza non interamente negativa.

Era il ricordo della giovinezza perduta, e del fascismo trionfante e seduttivo, qualcosa che sollecitava in lui una forma di nostalgismo goliardico, come quella di molti adulti che credono che la loro adolescenza sia stata, in fondo, il periodo più bello ed emozionante della vita. Mio padre giovane, spavaldo e con la certezza, all'apogeo del fascismo, di poter stringere il futuro nelle proprie mani, riviveva nelle mitologie viriloidi che circolavano nel suo mondo adulto umiliato. Il Duce a torso nudo, il Duce amatore instancabile, il Duce che incitava il popolo fascista con la sua voce stentorea trasmessa dagli altoparlanti di tutte le piazze d'Italia, per un ragazzo della provincia pugliese come mio padre doveva aver avuto un effetto esaltante. E quella leggenda, da lui assimilata, delle femmine d'Italia che all'unisono impazzivano eroticamente per l'«Uomo della Provvidenza», non la immagino molto diversa dagli stessi sentimenti trasfigurati da Federico Fellini in una celebre scena di *Amarcord*, quando a Rimini le donne adoranti cadevano in deliquio allo spettacolo degli scattanti capi del fascismo che, con piglio mussoliniano, attraversavano le vie cittadine a passo di corsa.

Ma quell'epoca era passata, depositando ricordi, fantasie, nostalgie, immagini, canzoni, dicerie, millanterie di imprese sessualmente da record che ne ravvivassero lo splendore appannato. Era l'altra faccia dell'avversione indomabile per gli «invertiti» che mio padre fascista, per quanto imprigionato in un reticolo di buone maniere, non sarebbe mai riuscito a soffocare. Eppure gli anni non erano trascorsi invano, e la parte conservatrice e borghese di mio padre aveva via via affiancato al virilismo brutale della giovinezza un fastidio, se non addirittura una forma di ribrezzo, per le esagerazioni che un adulto può ricordare con nostalgia ma non può replicare nella sua vita responsabile, familiare, beneducata, moderata, ordinata. Non posso dimenticare la sua smorfia di borghese disapprovazione quando una volta mi mise a parte di un'espressione attribuita a Mussolini, e riferita credo da Giovanni Papini, secondo cui le donne, prede sessuali, non meritassero altra definizione che questa: «orinatoi di carne». No, stavolta era davvero troppo, mio padre non poteva approvare. Questa smargiassata era troppo greve. Troppo scurrile, un'immagine che l'ex balilla, l'ex avanguardista, l'ex guffino, l'ex milite della Repubblica sociale non esitava, una volta tanto, a definire «repellente».

Mio padre fascista poteva certo fantasticare di una Sala del Mappamondo come un'alcova funzionante a pieno ritmo. Ma l'altro mio padre, quello adulto e borghese, alle donne usava fare il baciamano, e anche con una certa cura per i dettagli. Con mia madre era molto romantico, e al primo screzio erano piante e mazzi di fiori. Era civile e educatamente galante con le signore. Amava chiacchierare con le mogli dei suoi amici, molti dei quali invece consideravano le mogli degli altri come delle protesi semoventi, o figure di accompagnamento da tenere tassativamente mute per non disturbare i monologhi maschili. Non apprezzava i circoli di soli maschi; o meglio, li apprezzava ma non oltre il tempo consentito. Con le donne, mio padre fascista e borghese era decisamente più borghese che fascista. Viveva la stessa scissione di sempre, l'esule interiore che si macera nella nostalgia del Ventennio, ma si avvolge nel doppiopetto del professionista rispettabile. Con mia madre e nei salotti esaltava le virtù di Donna Rachele, e anche questo era in fondo un lascito del regime fascista in cui le donne erano ideologicamente confinate nel ruolo di «custodi dei focolari». Con i suoi amici e camerati, sebbene oramai ingrigiti, tornava invece il guascone del Ventennio che ammirava le prodezze amatorie di «Ben» con Claretta Petacci. Con gli amici maschi e complici, riviveva il virilista mussoliniano. Ma poi mio padre veniva restituito alla buona educazione dell'uomo adulto, integrato, rispettoso del galateo, all'amabilità nei confronti del «gentil sesso», come gli piaceva dire. E rientrava nei ranghi.

E infatti nutriva una passione, sobria ma coriacea, per una donna elegante e sofisticata come Alida Valli. Ne era rapito, o almeno, ne parlava con rapimento. Non guastava il fatto che la sua attrice prediletta fosse nata a Pola («Un'istriana, italiani perseguitati e costretti a fuggire da Tito»). E inoltre, la sua bellezza si era fissata nella memoria di mio padre in film come *Noi vivi* e *Addio Kira!*, che denunciavano la crudeltà del comunismo impersonato da Fosco Giachetti con il suo giaccone nero della Gpu, mentre il perseguitato, l'aristocratico russo, era Rossano Brazzi («il camerata Rossano Brazzi», e chissà se era vero pure questo arruolamento). Ma Alida Valli incarnava un modello di donna che non era per niente il calco di quello al centro dell'immaginario fascista, una donna che potesse palpitare per la mascolinità rude del Mussolini fantasticato dai fascisti. Eppure, non ho visto mio padre tanto emozionato con altre canzoni come quando ascoltava stregato *Ma l'amore no* cantata dalla Valli. E non ho mai sentito tanti apprezzamenti per un'attrice che fossero minimamente paragonabili alle espressioni di incondizionata ammirazione per lei. Tra le altre attrici italiane, solo per Sophia Loren mi pare di ricordare qualche complimento, ma non deve essere stato irrilevante, al di là della scontata attrazione per le sue forme generose, il fatto che fosse imparentata con la famiglia Mussolini. E c'era Virna Lisi, il cui fascino non era molto dissimile da quello della Valli. E poi Miranda Martino, che però aveva il difetto imperdonabile di essere troppo di sinistra, e perciò fu severamente espulsa dalle fantasie erotiche di mio padre.

Impazziva, invece, per una cantante dalla voce seducente come Jula de Palma (di cui si vociferava una relazione segretissima nientemeno che con il presidente Gronchi). Si sdilinquiva quando alla radio trasmettevano di tanto in tanto, e con prudenza, *L'edera* («avvinta come l'edera»), ma si percepiva il suo concupiscente abbandonarsi a sogni di lascivie pazzesche quando Jula de Palma intonava *Tua* e sussurrava sensuale «Tua / tra le braccia tue / ... finalmente tua / così. / Tua / sulla bocca tua / dolcemente mia / così». Mia madre non ne era entusiasta e guardava un po' irritata mio padre che si perdeva in quei gorgheggi lussuriosi.

Così come non fu affatto entusiasta quando mio padre, il posato e irreprensibile professionista di sempre, sulla soglia dei suoi cinquant'anni subì un'improvvisa (e fugace) metamorfosi che per una breve vacanza dello spirito lo aveva momentaneamente allontanato dagli abiti grigi e inappuntabili della sua vita, tutta dedicata al lavoro. Si comprò un'automobile sportiva metallizzata con sedili aerodinamici, ma molto sconsigliati per le schiene vulnerabili. Indossò per la guida guanti traforati, come a sfidare vertiginose velocità. Non disdegnò l'acquisto di capi di abbigliamento più spigliati. E decise di farsi crescere cespugliose basette sale e pepe che gli davano un'aria un po' più sbarazzina. Solo che i sedili aerodinamici, invece di dargli l'energia e lo sprint per un nuovo scatto vitale, gli procurarono ben presto un'ernia del disco dolorosissima che finì poi per immobilizzarlo, costringendolo a una complicata operazione chirurgica.

Eravamo in Trentino, nella nostra casa di Bellamonte, in vacanza, e mio padre giaceva sofferente mentre il resto della famiglia organizzava alacremente la spedizione del viaggio di ritorno. Dovevamo percorrere, mia madre alla guida, circa settecento chilometri per arrivare al Policlinico Gemelli dove i medici, già allertati, lo avrebbero operato. Uno dei due sedili anteriori della macchina sportiva grigia metallizzata venne divelto per permettere a mio padre di starsene disteso su un asse di legno, e accanto, dietro il sedile del guidatore, doveva esserci il mio posto. E così fu. Ma mia madre non disse nemmeno una parola lungo tutto l'accidentato percorso. Ogni curva era un lamento soffocato di mio padre, stretto in un paio di cinture per tenerlo fermo, ma invano, perché a ogni sobbalzo sull'asfalto lui emetteva un grido di dolore. Alla fine dell'odissea mio padre venne ricoverato, operato, dimesso e, dopo qualche giorno di convalescenza, si ristabilì. La macchina sportiva grigia metallizzata fu rapidamente sostituita da un'automobile più rispettabile, più in sintonia con la sobrietà dei cinquant'anni. Dei guanti traforati non si ebbe più notizia, forse seppelliti in un bidone della spazzatura. L'abbigliamento disinvolto, pure. Le basette, sfoltite e tagliate. Le avventure di mio padre versione *on the road* si chiusero così, con la stessa velocità con cui erano state avviate.

Mio padre amava però di un ardente amore non corrisposto l'Italia che lo aveva bandito. Era uno dei pochi italiani che la notte della vittoria azzurra sulla Germania ai Mondiali del '70 avessero in casa una bandiera tricolore (con lo stemma sabaudo, però, evidente lascito di famiglia monarchica), che i nostri connazionali dovettero invece procurarsi in fretta per poter partecipare ai chiassosi festeggiamenti destinati a rallegrare quell'epica impresa. Era molto orgoglioso dell'Autostrada del Sole, che considerava una gloria nazionale, un grande successo dell'Italia, finalmente affrancata dalle difficoltà del Passo della Futa nell'Appennino tra Firenze e Bologna, che chissà perché veniva fantasticato da mio padre come un ostacolo naturale di smisurata pericolosità e un impedimento colossale alla necessaria unificazione, geografica prima ancora che linguistica, della Penisola. Ma testardo com'era, rinunciò per sempre alla consueta fermata all'autogrill di Cantagallo, nei pressi di Bologna, dopo che gli addetti al bar avevano combattivamente rifiutato ad Almirante, in nome dell'antifascismo militante, il conforto di un tramezzino. Invece di sorriderne, se ne risentì a morte. Mio padre fascista era e si sentiva un fascista italiano. Umiliato. Messo all'indice. Diffamato come «fascista» da tenere in un recinto infetto, e perciò suscettibile, suscettibilissimo. Ma per sempre italiano, in nome dell'«onore» nazionale per cui aveva combattuto e perso.

Arci-italiano com'era, facondo oratore nelle aule giudiziarie, praticava una devozione esclusiva per la nostra lingua, per il bello scrivere e per le espressioni rétro e antiquate assorbite negli anni del liceo classico («di guisa che» era una delle preferite). Anche se l'Italia dei «vincitori» lo aveva brutalmente messo ai margini, l'italiano letterario restava per sempre la sua indiscussa Patria morale e linguistica. «Una d'arme, di lingua, d'altare, / di memoria, di sangue, di cor» era il verso manzoniano che amava citare con maggiore frequenza, quasi come un ritornello. Era talmente figlio della tradizione retorica italiana, che nei suoi disordinati appunti messi giù durante la prigionia di Coltano, pur costretto a un'esistenza basica di pura sopravvivenza, e dovendo patire la fame, il caldo asfissiante e la vista claustrofobica del filo spinato tutt'intorno, mio padre, prigioniero ventiduenne, si aggrappava disperatamente alle sue rimembranze scolastiche per sentirsi non più un paria, ma un «italiano» orgoglioso di esserlo: «Appena mi sarà possibile devo: effettuare un accurato studio su Parini (specialmente su "Il Giorno", *L'educazione*, *La Caduta*), leggere e commentare quello che il Foscolo e il Leopardi dicono dell'Alfieri, il primo nei *Sepolcri* il secondo – mi pare – nell'ode *All'Italia*, la dedica all'Alfieri nel *Bruto II*, le odi *All'Italia* e *Ad Angelo Mai* di Leopardi, l'ode *Marzo 1821* e il coro del I atto dell'*Adelchi* di Manzoni».

Era la sua letteratura, quella a cui si teneva stretto come ultimo brandello di identità nazionale da poter condividere con il resto degli italiani, pur colpevoli di avergli voltato le spalle. Ma non c'era nemmeno uno scrittore straniero, in quel suo personalissimo pantheon. L'elenco di prediletti ricalcava il perfetto programma d'italiano per un esame di maturità del nostro liceo classico. E non c'era l'ombra di un romanzo, neanche uno: nemmeno *I promessi sposi* di Manzoni, solo i versi dell'*Adelchi*. In modo così peculiarmente italiano, mio padre amava infatti il teatro, il melodramma, la lirica, l'ode, l'inno. E non amava il romanzo, come in effetti per decenni e secoli non lo ha amato l'Italia, allietata dal bel canto ma per tanto tempo priva di una solida tradizione di romanzo borghese. Mio padre aborriva le complicazioni del romanzo, detestava le inutili, così diceva con esibita insopportazione, «descrizioni dei paesaggi». Le tortuosità della dimensione interiore, la fatica dell'introspezione: che strazio erano per lui. Si sentiva lontano dall'universo dei romanzi per le stesse ragioni che invece, capovolgendo i disvalori in valori, me lo rendevano e me lo avrebbero reso imprescindibile per il resto della vita: persino nella letteratura abbiamo militato in campi opposti, inconciliabili.

Mio padre chiedeva alla letteratura e all'arte e alla musica esclusivamente trame ipersintetizzate, climax, momenti culminanti, l'enfasi del coro e dell'orchestra. L'unico romanzo straniero che mi ha regalato è stato *I ragazzi della via Paal*, ma solo perché, come scrisse nella dedica, in quelle pagine avrei appreso i rudimenti «della lealtà e dell'onore», i due pilastri morali della sua visione del mondo e di se stesso. Gli piaceva smodatamente d'Annunzio (il suo cruccio era di non avermi mai portato al Vittoriale, peraltro l'unica icona dannunziana che mi ha sempre attratto). Ma Tolstoj, che infatti non ha mai letto, lo avrebbe annoiato. Dostoevskij addirittura indispettito, troppo complicato, troppo sprofondato in un sottosuolo morale che non aveva nessuna voglia di perlustrare, perché gli smuoveva dentro i peggiori ricordi.

Credo che prediligesse il diritto anche per la lineare, e così poco romanzesca, logica che lo sottende: sì o no, vero o falso, provato o non provato. Un arci-italiano consapevole di esserlo, appunto. E perciò diffidava dei contorcimenti della psicologia, che chiamava immancabilmente «fisime». Per lui il disagio dell'esistenza era una somma di «fisime», che poteva essere affrontato e superato solo mettendo da parte queste moleste pretese. Dimenticandole, rimuovendole. Una persona depressa era per lui nient'altro che la vittima di un eccesso di «fisime». Se mio padre non aveva voglia di capire, faceva finta di non capire per non accettare situazioni che lo avrebbero fatto soffrire, o più semplicemente messo a disagio a causa dell'ingorgo di «fisime». Ma nella «fisima» rientrava qualunque manifestazione problematica della vita altrui, e di cui comunque stentava ad afferrare il senso. Fino all'ultimo non volle adattarsi all'idea che io abbandonassi il nido senza averne messa su una mia, di famiglia, e dunque senza una ragione che non fosse la «fisima» dell'autonomia e dell'indipendenza. Avevo la febbre il giorno che mia madre, a pranzo, si rivolse un po' spazientita a suo marito: «Vittorio, ma tu hai capito che domani Pigi se ne va da qui?». E lui: «Ma come, con questo raffreddore?». Aveva capito. Ma faceva finta di non capire, fino all'ultimo. Con quel raffreddore, poi, era impossibile che le cose sgradevoli potessero diventare reali. Era solo una fisima un po' umidiccia.

L'italiano, la lingua italiana, la poesia italiana sopra ogni altra cosa, come orizzonte obbligato del suo modo di esprimersi. Parlava passabilmente il francese, e poteva vantare anche una discreta pronuncia. Ma, per ragioni esistenziali e ideologiche (soprattutto esistenziali), verso la lingua inglese aveva invece maturato un'ostilità senza attenuanti, un rifiuto totale e irrevocabile. Sebbene il suo immarcescibile anticomunismo lo portasse inevitabilmente a stare con l'atlantismo nei decenni della guerra fredda, tutto ciò che evocava i «liberatori americani» scatenava in lui incontrollabili pulsioni di animosità e rancore. Si ostinava a considerare l'inglese come un idioma nemico, e dunque per principio infrequentabile. Una volta decise addirittura di rinunciare a un importante simposio giuridico internazionale per non contaminarsi con quella lingua. L'inglese gli ricordava solo e soltanto un'immagine conficcata nella memoria: i momenti atroci della «sconfitta». Se in un varietà televisivo ballavano il boogie-woogie (che a me piaceva, e continua a piacermi, moltissimo), lui si mostrava insofferente verso «la musica della sconfitta». Una volta che in una sala da ballo, in vacanza, attaccarono con *In the Mood* di Glenn Miller, lui smise subito di danzare e se ne tornò a sedere, incupito e immerso nei suoi pensieri. Se masticavo un chewing gum (la «gomma americana», appunto), mi apostrofava sempre con la stessa battuta: «Sembri uno dei cosiddetti "liberatori" che avevano in bocca queste schifezze nei giorni della sconfitta». Se si apriva una scatola di tonno, «Mi ricordano le scatolette americane conosciute nei giorni della sconfitta». «I giorni della sconfitta»: un incubo che non lo abbandonava mai. Qualcuno, appena tornato da un viaggio negli Stati Uniti, volle gentilmente offrirgli una Lucky Strike («le sigarette della sconfitta»), ma lui, impenitente e orgoglioso tabagista, quella volta rifiutò con garbo, con un senso di rammarico che raccontava la sua tristezza incancellabile.

Una volta mi accompagnò per una trasferta di basket dalle parti di Montecassino e non volle risparmiarsi l'indignata filippica contro i «liberatori» vandalici, gli americani, che avevano quasi distrutto quella splendida abbazia: solo il mio sguardo supplice lo convinse a interrompere la lezione per non arrivare in ritardo alla partita. Per ripicca nei confronti di un popolo a cui non perdonava di essersi assoggettato ai «liberatori», mutuandone acriticamente mode e *way of life*, tratteneva le risate con stizza e caparbietà persino quando Alberto Sordi - Nando Mericoni in *Un americano a Roma* entrava in fissa con il suo caricaturale «*What's Ammerica Kansas City*», salvo esplodere in una risata incontenibile quando cedeva ai maccheroni e rifilava al gatto gli orribili intrugli di marca yankee. Impossibile decifrare le immagini che gli turbinavano nella testa in quei momenti. Sembrava sempre che non si potesse mai rilassare, come se il rilassamento fosse un cedimento, l'abbandono di una trincea permanente. Un infinito e spossante combattimento interiore, lui così refrattario all'arte dell'introspezione, che regolava persino il ritmo e il dosaggio politico delle risate consentite in un film con Alberto Sordi, che pure adorava.

Con la «perfida Albione», la stessa cosa, anche se riconosceva la grandezza di Winston Churchill, di cui aveva bevuto ogni riga della gigantesca *Storia della Seconda guerra mondiale*. Nelle partite di calcio tifava sempre per la squadra che doveva battere quella inglese. Trovava disdicevole che una Nazione seria, e con quel suo pur prestigioso passato imperiale, avesse al suo vertice una regina con quei «ridicoli cappellini»: ma era la voce della misoginia fascista che in questo caso parlava, non certo la competenza, inesistente, sui copricapo femminili. Di Londra, mi disse una volta, gli piacevano solo i taxi neri, i bus rossi a due piani e la sontuosa cancellata di Buckingham Palace: il resto, «popolo di bottegai, come ha sempre sostenuto Napoleone». Nell'altarino dei martiri dei «liberatori» cui tributare una segreta devozione, mio padre aveva incluso anche i nomi di Leonardo Manzi, Francesco Paglia, Erminio Bassa e Saverio Montano. Nomi pressoché sconosciuti ai più, e certamente anche a me se non fosse stato per l'insistenza paterna con cui venivano solennemente ricordati: e infatti erano quattro vittime della durissima repressione, guidata dall'Armata britannica con a capo il generale Thomas Willoughby Winterton, contro gli insorti di destra per «Trieste italiana» nel 1953 (cioè due anni prima che io nascessi). La colpa, come sempre, era della «perfida Albione». «La perfida Albione», del resto, era un modo scherzoso e ammiccante di ricordare chi fossero i suoi sempiterni nemici. Ma dietro la ripetitività di quella citazione si celava un odio assoluto e senza remissione per gli «anglo-americani».

Con la Francia, invece, mio padre fascista avvertiva una qualche affinità latina, una comunanza di spiriti che oltrepassava gli schieramenti bellici. Ne sentiva la vicinanza culturale. Gli piaceva definirla «cugina». Ammirava De Gaulle, e un «De Gaulle italiano» era sempre in cima alle sue aspettative, un uomo forte che sapesse meritarsi una leadership fuori dalle pastoie della «partitocrazia», un'altra delle sue bestie nere. Impazziva per il crescendo orgasmico di Gilbert Bécaud in *Et maintenant*. Era scosso dalla voce poderosa di Édith Piaf e gli piaceva sottolineare che *Non, je ne regrette rien* era la canzone preferita dai parà francesi impegnati nella guerra d'Algeria. E, soprattutto, amava i «nostri cugini» che, dopo le barricate del Maggio parigino, erano scesi in piazza con il tricolore e con la fierezza di un grande passato per difendere l'ordine contro i rivoltosi che stavano incendiando i boulevard di Parigi, peraltro sarcasticamente sbertucciati da Eugène Ionesco («Diventerete tutti notai!»), per mio padre un eroe, anche se francese d'importazione, perché aveva avuto il coraggio di non accodarsi alle mode sinistrorse dell'«intelligencija» e del «culturame». Quei rivoltosi tra i quali, stavolta in Italia, avrebbe però potuto trovare i suoi figli, che negli anni fatali e tumultuosi della «contestazione globale» avevano scelto l'altra parte della barricata, lasciando da solo il padre fascista.

VII

La «parte giusta»

E infatti, scelsi, scegliemmo, l'altra parte della barricata. E non a Parigi, ma qui, in casa. Me ne andai nel campo opposto a quello di mio padre con la stessa esagitazione di Gabriele d'Annunzio che, a fine Ottocento, spiccò un balzo verso i banchi parlamentari della sinistra proclamando con la sua solita ostentata magniloquenza: «Vado verso la vita!». Ero insofferente di tutto, di pellegrinaggi, catacombe, lutti, martiri, Schio, controstorie clandestine, esuli in Patria, Pisanò, cupi tramonti. Non ne potevo più del fascismo triste, dei simboli funerei di chi si ostinava con risentita caparbietà a tenere la testa all'indietro, prigioniero di nostalgie, rimpianti, rancori. Ero stufo dell'atmosfera lugubre che ristagnava sulla «parte sbagliata». Mi divincolai dalle catene della sconfitta per dirigermi verso il sol dell'avvenire della «parte giusta». «Vado verso la vita!»

La parte giusta della storia, quella dei cognomi giusti e blasonati. Dei giusti domani che cantano. Quella che riempiva le piazze studentesche per una causa santa e giusta. Seguendo, anzi inseguendo la corrente giusta che va avanti, trascina la storia nella giusta direzione e non è incatenata alla nostalgia del mondo sconfitto e segnato dall'infamia. Volevo intensamente tradire la parte sbagliata, riscattandomi da una colpa mai commessa. E perciò, anche se non sapevo esattamente cosa volesse dire «giusta», sapevo che era giusta. Punto. Volevo riconciliarmi con l'Italia che non si consumava nell'asfissia rancorosa dei vinti: forse non è bello, anzi non lo è affatto, ma questo fu per me. Una rottura aspra, violenta, dolorosa. Almeno per una volta d'Annunzio, che ho sempre detestato, è stato dalla mia parte. Mentre mio padre fascista, che invece lo ammirava, stavolta ne fu la vittima.

La rottura con mio padre non è stata bella, un gesto nobile. No, non la ricordo così. È stata una fuga. Attorno ai quindici anni, del resto, non si abbraccia con passione una parte politica sulla base di una dottrina astratta appresa sui libri, di un'adesione razionale e consapevole, ma per un battito d'ali che ti porta lì. Il mio, di battito, mi spingeva a scavalcare il recinto. Anch'io, come avrebbe detto il partigiano di Calvino, sia pur in un contesto ben più spietato e ultimativo, ero mosso da un particolare e irripetibile «impennamento dell'anima». Mio padre, tanti anni prima e in circostanze più tragiche, era stato trascinato da una parte. Io, in epoca di pace, nel conforto della società del benessere, dall'altra, quella opposta. Opposta politicamente, ma soprattutto esteticamente, stilisticamente. Dalla parte sbagliata tutto, ai miei occhi, emanava insicurezza, disagio, paura di essere accettati, terrore dell'esclusione, ossessione della marginalità. Dall'altra, invece, si poteva respirare: finalmente. Qui c'era una cantina soffocante, di là l'agio. La borghesia romana di destra, quella sbagliata, era ostaggio di un mondo perennemente risentito con il presente e figurarsi con il futuro. Rinchiusa nel formalismo, nella convenzionalità, nell'ansia di approvazione. Quella di sinistra, quella giusta, viveva invece nell'ovatta di un mondo sicuro di sé, morbido, *décontracté*, come le case in cui abitava e i vestiti che indossava. A Roma, nel cuore di tutti i poteri. Con in mano le chiavi «giuste» del potere che fa opinione e considerazione sociale, del potere culturale che aveva decretato l'ostracismo del mondo di mio padre fascista.

Ero sedotto, affascinato da quelle case, da quell'atmosfera, da quella inscalfibile certezza di stare dalla parte giusta. Anche all'opposizione, però sempre al caldo, lontana dai pericoli dell'esclusione, accudita e protetta dai giornali, dagli incarichi istituzionali, dalle cattedre accademiche. Nella serie A, o in quella che si immaginava fosse la serie A sociale e culturale. Nel settore degno di stima della società. Tradii mio padre fascista con quelli che erano il contrario di lui, con quelli che avevano tracciato materialmente la linea di separazione tra l'Italia della rispettabilità, l'Italia antifascista e nata dalla Resistenza, e quella che doveva restare confinata ai margini, l'Italia dei fascisti, dei cattivi. Forse era inevitabile che fosse così, ma ancora mi addolora aver interiorizzato con tanto adolescenziale trasporto quella iniqua demarcazione e di aver voluto trasferirmi psicologicamente e culturalmente oltre la linea d'ombra, oltre il reticolato invisibile destinato a recintare per sempre l'Italia di mio padre, come se nella testa e nel cuore degli italiani non si fossero mai aperti i cancelli del campo di Coltano. Non era tutta colpa mia, però, era anche colpa sua.

Il mondo della parte giusta, a Roma, nella borghesia, nei palazzi del centro storico allora ancora «popolare» e che, a parità di reddito, la borghesia sbagliata e di destra disdegnava perché troppo insicura di sé e della sua incerta presentabilità sociale, rifiutava i completi grigi e i doppiopetti di mio padre, ma sceglieva i maglioni «vissuti» e i velluti dei pantaloni, le camicie con il colletto sbottonato, trench stropicciati e giacche di tweed. Non aveva paura degli androni angusti e bui dei palazzi nei rioni alla moda, privi di portierato, con scale ripidissime e senza ascensore: ne conosceva la raffinatezza, il fascino delle cose e delle case un po' *délabrés*. Prediligeva sofà comodi, leggermente sfondati e avvolti da esotiche stoffe indiane, mica l'ossessione del decoro e i pesanti tessuti damascati sui divani della borghesia di destra. Alle pareti, una gran quantità di poster, inesistenti nelle case come quelle in cui ero cresciuto, e tollerati soltanto nelle stanze dei figli (come la mia, con l'icona dei pugni chiusi di Tommie Smith e John Carlos sul podio olimpico di Città del Messico). Le cornici per le foto, solo di legno, niente argento, oppure con combinazioni sempre «divertenti». Le cucine, con le madie che sapevano di antico e di vissuto e il tavolo di un bel legno un po' scorticato in stile casale di campagna, invece di quelle fredde e superaccessoriate della borghesia sbagliata, ansiosa di alloggiare nei quartieri alti e afflitta da un invincibile senso di inferiorità culturale. Pochi tappeti e molto parquet scricchiolante, anziché i nostri pavimenti lucidissimi. Era un mondo così sicuro di sé che poteva giocare alla trasandatezza elegante. Così diverso, e così irresistibilmente attraente per me.

C'erano in quel mondo cose che non andavano, poche, e cose che andavano benissimo. Quello che mi colpiva di più in senso negativo erano le madri della parte giusta, che volevano partecipare alle discussioni e smorzare i nostri eccessi visionari con robuste dosi di realismo politico dal tono seriosamente togliattiano, mentre portavano tè e biscotti a noi adolescenti che eravamo seduti per terra, oppure su grandi e soffici cuscini, intenti senza nessuna autoironia a progettare sommovimenti rivoluzionari in tutto il pianeta, con discussioni furibonde sulle strategie dei Tupamaros o dei Montoneros, dipendeva dalle giornate. Del resto, come ha scritto Irène Némirovsky con affettuosa ironia, le «discussioni in cui alcuni filosofi tra i tredici e i sedici anni disfacevano il mondo e lo ricostruivano» hanno sempre avuto bisogno di conforti materiali e spirituali. Le madri della parte giusta si premuravano di fornircene in abbondanza, soprattutto materiali. Ma mia madre, sposa di uno della parte sbagliata, non l'avrebbe mai fatto: e questo me la rese per sempre ancora più simpatica.

La cosa che più mi sbalordiva era invece che la parte giusta funzionasse come una grande lavatrice di reputazioni, e riuscisse a mondare come per un incantesimo socio-politico tutto il passato imbarazzante che, viceversa, schiacciava inesorabilmente quelli ostinati della parte sbagliata come mio padre. Non c'era famiglia giusta che non parlasse con disinvolta accondiscendenza chi di uno zio «fascistone» (si diceva così), chi di un nonno, di un prozio, di un cugino di secondo grado, tutti «fascistoni» da ricordare e trattare come degli svitati di famiglia anche se, essendo comunque casati perennemente a galla nell'establishment romano, si raccontava sempre che avessero avuto strettissimi e vantaggiosissimi legami almeno con un gerarca, o un podestà, o un influente ministro dell'odiato regime. Se non addirittura con il Duce in persona, ma queste erano leggende nere. Storie vecchie. Sbiancate oramai, riscattate.

La cosa che mi affascinava di più, la vera, grande, decisiva differenza, erano le librerie che foderavano ogni parete di quelle case così diverse dalla mia. Metri e metri di scaffali persino lungo gli strettissimi corridoi, tra un'impervia scala interna e un'altra, addirittura in cucina, tra il frigorifero e una mensola. Non con pochi libri, eleganti e rilegati, dentro mobili lavorati e «di rappresentanza», come nelle case della borghesia di destra, ma sovraccarichi, onusti di una quantità di volumi un po' rovinati dall'uso, disordinati e colorati, l'intero assortimento delle collane Einaudi (mio padre fascista, di Einaudi aveva solo i volumi di Renzo De Felice, e un paio di Sciascia, che era diventato per lui un'icona del garantismo; però un numero elevatissimo di Mursia e di Rusconi) che incurvava quegli scaffali fatti di legno, spartani, senza fronzoli. Un mondo di libri. Un paradiso dei libri. Era la detestata «intelligencija», era il vituperato «culturame». Ma il quindicenne che andava verso la vita ne era soggiogato, e con tutte quelle librerie sul punto di crollare per il troppo peso dei volumi allegramente accatastati sopra, il suo tradimento gli appariva meno amaro, anzi quasi necessario. Il prologo di una nuova estetica. Di un'estetica giusta. E antifascista, naturalmente.

Il lato più sconcertante della parte giusta era che, pur così esperta e di mondo, credeva, anzi aveva tutta la voglia di credere, alle mie più spudorate bugie. Raccontavo balle colossali sulla dura repressione che angariava le nostre vite nella casa di mio padre fascista. E loro se le bevevano, tutte. Mi dilungavo, compiaciuto sia pur con il volto sofferente per rendere attendibili i troppi soprusi patiti, su punizioni crudeli, arresti domiciliari, stratagemmi per spezzare le sbarre della casalinga galera fascista, pericoli di vita clandestina nella casa di un repubblichino non pentito. E loro facevano la faccia indignata. Mi compativano, neanche fossi un esule perseguitato dal regime franchista scampato alla garrota. Se avessero potuto, avrebbero denunciato mio padre presso il più vicino commissariato della polizia antifascista, ma io: «No, per carità, lasciate perdere!». Purtroppo non potevo esibire i segni delle sevizie subite, semplicemente perché quelle sevizie non furono mai praticate su di me. Perché mio padre fascista soffriva, alzava la voce, ma poi basta. Non reprimeva nessuno, non opprimeva i suoi figli che erano passati con il nemico, non angariava chicchessia, né a casa, né fuori. Era della parte sbagliata, ma non era la caricatura del fascista che la parte giusta voleva dare di lui e che io, per farmi bello e interessante, fui così vile da accreditare con le mie bugie che i giusti si bevevano con tanta facilità.

Mio padre, negli anni della burrasca attorno al '68, perse le redini, è vero. E rimase da solo perché non era più riuscito a tenere i suoi figli dalla sua parte. Ciascuno se n'era andato con le sue motivazioni. Io cercavo il mondo con le librerie strapiene, per esempio. Ciò che mosse gli altri fratelli e sorelle, invece, non saprei dire, o sarebbe irrispettoso e superficiale dirne. Ma la reazione di mio padre al tradimento dei suoi figli non era stata quella violenta e brutale che ci si sarebbe aspettati da un fascista prigioniero del suo stereotipo. Era stata mite, né autoritaria né intollerante. Il colpo era stato durissimo e chissà quanto lo avrà prostrato quel senso di delusione e di fallimento provocato dalla nostra collettiva defezione. Mia madre una volta mi ha raccontato che suo marito, nel momento più aspro della rottura, aveva passato intere notti risucchiato dall'angoscia e dall'insonnia. Il mondo gli era crollato addosso, la botta era stata tremenda, la ferita dolorosissima. Ma era una rabbia che scavava spietatamente dentro di lui senza permettergli di dare in escandescenze, senza melodrammatiche scene madri. Il fascista sconfitto di Coltano si sentiva il padre fascista tradito dai figli. Una sofferenza che lui cercava di non far esplodere. A pochi mesi dalla morte di mio padre, un suo carissimo amico e camerata mi disse che una volta lui gli aveva confidato di non sapersi dare ragione di una frattura tanto dolorosa, di un tradimento così crudele. Una coltellata nel petto non mi avrebbe fatto più male.

Che io ricordi, però, non ci furono tra le mura domestiche scenate di conflitto feroce. Solo una volta mio padre, al termine di una discussione più accalorata del solito, sfogò la sua rabbia scaraventando a terra la gabbia dei pappagallini di mia sorella, la maggiore, il rompighiaccio per tutti noi. Non proprio una violenza inaudita, bisogna ammetterlo, peraltro seguita dall'ordine tassativo (e spesso disatteso, se non vado errato) di impedire l'ingresso in casa dell'amica traviatrice che aveva condotto la vulnerabile figliola oltre la soglia maledetta del «comunismo». Basta così. Con me, poi, il controllo fu tutt'altro che dispotico e occhiuto. Quando frequentavo il primo anno del liceo, giovanissimo già conquistato dagli ardori della tempesta sessantottina, lui sfidava con una certa baldanza da ardito i picchetti degli studenti che davanti all'ingresso principale del Mamiani sbarravano il passaggio a chi non voleva scioperare. Dopo aver finto di entrare per quieto vivere, aspettavo giusto il tempo che mio padre si fosse allontanato per uscire di nuovo da uno degli ingressi laterali e riunirmi ai valorosi scioperanti, pronti per il rituale corteo. È possibile che lui non l'abbia mai scoperto. Invece credo di sì, ma che abbia sempre fatto finta di non accorgersene per non essere costretto a strappare un altro pezzetto tra di noi e portare la guerra oltre il limite della rottura. Altro che atroce repressione. Quelli della parte giusta se l'erano bevuta. Ma la galera fascista, in casa mia, non c'è mai stata.

La mia colpa era il desiderio così forte di voltare le spalle a mio padre fascista, da non accorgermi nemmeno di quanto spocchiosa e arrogante poteva diventare talvolta la parte giusta sotto le cui bandiere chiedevo di arruolarmi. La colpa di mio padre fascista, invece, erano proprio i fascisti, che lui aveva cari ma con cui io non volevo avere niente da spartire. Ne diffidavo, non capivo perché mio padre si ostinasse a mantenere rapporti tanto camerateschi con loro, con persone così diverse da lui. Capivo il legame sentimentale con i suoi coetanei della Repubblica sociale, ma con i miei, di coetanei? Davvero non riusciva ad afferrare quanto, a nemmeno vent'anni, fossero ridicolmente beceri, infestati da picchiatori tutto muscoli, magliette nere aderenti e Ray-Ban con lenti a specchio? Certo che lo afferrava. Ma mio padre voleva sfidare in questo modo il mondo perbene della parte giusta. Frequentava normalmente i borghesi di destra come lui, i conservatori in doppiopetto, gli inappuntabili paladini del motto «legge e ordine». Eppure, soprattutto negli anni degli scontri violenti tra fascisti e comunisti, per ripicca antropologica cercava beffardamente la mescolanza con figure umanamente molto distanti da lui. Ma i fascisti con cui amava mischiarsi per puntiglio reducistico, per me erano davvero tremendi. Quelli della parte giusta avevano in casa un sacco di libri, e i fascisti miei coetanei li prendevano in giro proprio perché avevano tanti libri in casa: «intellettualoidi», dicevano sprezzantemente. Uno della mia scuola vaneggiava di continuo sul «razzismo spirituale di Evòla», con l'accento rigorosamente sulla «o», e nessuno dei loro osava correggerlo, o forse nemmeno sapeva che occorresse correggerlo. Mio padre fascista borghese detestava Evola, il razzismo spirituale e tutta la tribù degli evoliani. Però voleva sconcertare gli antifascisti del potere culturale. E perciò, tra quello di «Evòla» e quelli della parte giusta non aveva dubbi: sceglieva apposta «Evòla», per indispettire i benpensanti di sinistra. Non potevo perdonarglielo.

Potevo perdonargli, invece, di avermi involontariamente fatto vedere in anteprima, ma davvero con tanti anni di anticipo, i personaggi mostruosi di uno dei più esilaranti film di Mario Monicelli: *Vogliamo i colonnelli*. Non so perché, non ricordo bene dove, ma prima del '68, quando ero un ragazzino delle scuole medie, mio padre aveva commesso infatti il clamoroso errore di farsi accompagnare una sera a una riunione vagamente clandestina di fascisti velleitari con il pallino del colpo di Stato, riuscito nella Grecia dei colonnelli. Ero un ragazzino e lì per lì non mi resi bene conto dell'incredibile fauna umana contro cui mio padre imprudentemente mi aveva portato a sbattere. Ma poi me la ritrovai, identica, in quel film meraviglioso di Monicelli: squadristi decrepiti; militari con fregole golpiste; nostalgici che disegnavano cospirazioni antidemocratiche sorseggiando un «vermuttino»; ufficiali con il monocolo e la testa lucidissima che sembravano usciti dal cuore della Mitteleuropa di

Joseph Roth, ma invece sfoggiavano una parlata molto somigliante a quella diffusa nella provincia laziale; madame imbalsamate della nobiltà nera; ragazzi nerboruti con il basco d'ordinanza; giovani «nazionali» in tenuta paramilitare e così via. Come poteva pensare, mio padre, di convincermi a stare dalla parte sua, facendomi assistere a quella parata di mostri, di sepolcri imbiancati, di figure ridicole, di grottesche caricature di se stessi? Non erano le maschere orride e comiche insieme immortalate in quel film geniale di Monicelli, però. Era la desolante realtà. La realtà dei fascisti di quegli anni da cui volevo scappar via. E a ragione, credo.

E che ci facevano, con mio padre borghese, moderato, maniacalmente attento al galateo, quei fascisti che per le strade della Balduina marciavano compatti dietro un gigante, una montagna di muscoli che tutti chiamavano «Roccia» e una volta, quando mi ero avventurato in territorio nemico, mi beccarono per strada, mi circondarono, «Roccia» in testa, ma poi risparmiarono quel loro coetaneo nemico e tremante che se la stava vedendo molto male, cioè io, perché «*Vedi de ringrazzià tu padre*»? Come avvocato iscritto alla Fiamma, mio padre offriva infatti la sua difesa professionale a titolo gratuito a quei giovani avvezzi allo scontro duro di piazza. Va bene, ma non poteva limitare le sue frequentazioni alle aule del tribunale, o alle stanze del suo studio? No, chiamava addirittura «Roccia» e i suoi camerati «i nostri ragazzi». I «nostri ragazzi» quei tipacci lì, che mi volevano pure menare?

Anche in questo caso, rividi anni dopo le facce e le espressioni dei «nostri ragazzi» in una scena crudelmente memorabile di un film, *Caterina va in città* di Paolo Virzì. La scena di un matrimonio nell'ambiente neofascista, quando il ministro ex «giovane nazionale» che vorrebbe far dimenticare il suo passato viene avvicinato da un amico dei camerati «Robbertino» e «er Catena», reduce da qualche anno di galera patito proprio mentre il ministro era strenuamente impegnato a ripulirsi nella sua scalata al potere. «Duce, Duce, / chi non saprà morir? / Il giuramento / chi mai rinnegherà? / Snuda la spada quando Tu lo vuoi: / gagliardetti al vento, / tutti verremo a Te», intonavano nel film gli invitati, alzandosi in piedi, ritti nel saluto romano. Che ci faceva mio padre con «er Catena» che, davanti alle scuole, cantava a squarciagola «Fiaccole ardenti sull'are e sulle tombe!»?

Che poi, a ragionarci dopo tanti anni, questa frattura tra le due Italie era soprattutto la proiezione di un mio desiderio spasmodico di separarmi da quella di mio padre: un dualismo necessario, un manicheismo psicologicamente urgente. E non era affatto vero che tutto, nel campo dei giovani neofascisti, fosse così segnato dalla rozzezza dei «Roccia» (un ragazzo sfortunato che morirà ancora giovane), dei «Robbertini» e degli «Evòla», e di quell'altro tipo allampanato, truce e con i capelli a spazzola come i marines, noto soltanto come «er monarchico della Cassia». Anzi, parecchi anni dopo ho personalmente conosciuto, diventandone in alcuni casi persino amico, molti di questi miei coetanei che avevano impugnato le bandiere del neofascismo e che avevano avuto modo di incrociare mio padre nella loro militanza politica. Avevano letto molti più libri di me. Qualcuno aveva vissuto un'esperienza editoriale appassionata, imparagonabilmente più ricca della mia. Conoscevano ogni pagina di Céline, tutte le edizioni delle opere di Jünger, ogni passo della vita di Drieu La Rochelle. Certo, erano ossessionati dalla cultura messa al bando, dagli autori maledetti dal perbenismo antifascista, eppure avevano divorato come forsennati libri rari e introvabili. Perché allora si fecero sopraffare dai loro camerati maneschi e picchiatori? Perché vollero autorecludersi in un asfittico regime di separatezza sdegnosa che finiva inevitabilmente per ottenebrarne l'intelligenza? Volevano imitare quelli della generazione di mio padre senza averne i titoli anagrafici, ecco perché. Ma non potevano che ottenerne un effetto parodistico, come in una festa in costume venuta male. E così è stato.

Me li ricordo una sera in un cineclub romano, più o meno a metà degli anni Settanta. Erano da soli, anzi isolati, distanti dal resto del pubblico. In quarantena, rinchiusi nel guscio del loro clan di non voluti, di non accettati, di non frequentabili: come il primo Msi di mio padre. Non c'era nemmeno una donna che portasse la tentazione di una sensibilità più sottile. Nessun contatto con l'esterno, per non correre il rischio della contaminazione. Nessuna familiarità con mestieri intellettuali che non fossero una claustrale militanza politica minoritaria. Non un regista, di cinema o di teatro. Non accanto a loro, per dire, un direttore d'orchestra, un artista, un architetto, un cantautore mediamente famoso, un attore o un'attrice nati dopo il '45, uno scrittore, uno sceneggiatore, un astrofisico. Un clima impermeabile agli influssi del mondo, rannicchiato nella propria alterità, come a rivendicare («La voce della fogna» era infatti il titolo di una loro testata) un destino di solitudine e di emarginazione. Volevano ereditare l'atmosfera sulfurea che circondava il mondo di mio padre. Ma sono soltanto diventati lamentosi e vittimisti, e hanno fatto della recriminazione la loro cifra estetica. Così loro, che pure erano armati di eccellenti letture, dunque un'estrema minoranza nell'estrema minoranza, hanno permesso ai camerati più maneschi e grossolani, la maggioranza dei camerati, di far prevalere il lato peggiore del loro mondo. Hanno commesso lo stesso errore di mio padre, ma senza aver conosciuto direttamente gli orrori della guerra e della guerra civile, l'internamento di Coltano, la gabbia di Pound. Una bella differenza. Un disastro.

Del resto, divagando solo un po', eravamo un po' tutti fuori posto. Nei miei anni dalla parte giusta, c'era nella fetta di Roma che frequentavo per militanza politica un'invisibile linea di confine, un *limes* immaginario, una frontiera che divideva il territorio tra due gang politiche che si odiavano, ma con una curiosa e paradossale asimmetria storica e urbanistica. I fascisti che mio padre chiamava «i nostri ragazzi» stazionavano infatti in un quartiere romano come la Balduina, venuto su con le sue anonime palazzine nell'epoca dell'antifascismo. Noi antifascisti «militanti» eravamo invece asserragliati in un quartiere popolare e di sinistra, il Trionfale, che però faceva sfoggio dell'architettura del deploratissimo regime, e dove spiccavano ancora, malgrado le brutture delle nuove insegne e del traffico caotico, le case degli impiegati del Governatorato su via Andrea Doria progettate alla fine degli anni Venti, in pieno fascismo, dall'architetto Mario De Renzi. «Guarda!» avrebbe detto mio padre nei nostri pellegrinaggi tra le reliquie urbanistiche del suo fascismo. «Guarda!» avrei detto io, stavolta con spirito di ritorsione polemica: tra quelle architetture ci muovevamo noi, gli «anti», mentre i suoi «ragazzi» se ne stavano altrove.

Mario De Renzi, dunque. Cioè, potenza delle coincidenze, lo stesso architetto che negli anni mussoliniani aveva concepito il gigantesco falansterio romano di viale XXI Aprile, dove è ambientato *Una giornata particolare* di Ettore Scola, uno dei film decisivi della mia educazione sentimentale, in cui si racconta la struggente solitudine dei personaggi interpretati da Sophia Loren e Marcello Mastroianni, mentre l'Italia festeggiava fragorosamente nel '38 la visita del Führer a Roma. Un film stupendo, che mio padre fascista, retroattivamente ferito da ogni accostamento tra Hitler e Mussolini, e che quindi voleva rimuovere dalla sua memoria la celebrazione di quell'alleanza sentita oramai come un tragico errore, si è invece sempre, e ostinatamente, rifiutato di vedere (e in quel film Mastroianni era anche un «invertito»: troppo per lui).

Poi, a chiudere quella stagione, arrivò però il grande trauma, l'evento che mise fine a un'epoca e che mi lasciò da solo, lontano sia dalle parti sbagliate, sia dalle parti giuste. Solo. Il fattaccio terribile che ridusse tragicamente, in un'epoca di discorsi incendiari e irresponsabili, ogni distanza tra le parole e le cose, tra gli slogan e le azioni. «Sommacampagna, via Noto, Balduina, / fascisti attenti il fuoco si avvicina» si gridava. Sembrava la solita spacconata, era invece una triste profezia. Perché il fuoco si avvicinò davvero, anzi divorò tutto. E infatti: «Sei proprio un cretino» mi disse una sera mio padre. «Guarda queste carte che non potrei nemmeno farti leggere, cretino che non sei altro, vediamo se capisci qualcosa o se ti sei completamente bevuto il cervello.» Stavolta era davvero furibondo con me. Il «cretino» così sprezzantemente liquidato, cioè io, era spiazzato da quel tono tanto perentorio. Messo con le spalle al muro, incapace di reagire. Di solito mio padre non mi insultava, neanche quando litigavamo alzando la voce e spaventavamo mia madre, che detestava gli alterchi troppo aspri in famiglia. Quella sera era tutto molto diverso, però. Non c'era bonarietà. Non c'erano i soliti rimproveri mitigati dall'affetto paterno. C'era solo la sua ira, esplosa senza argini, senza rispettare nemmeno l'inveterata convenzione familiare dell'affabilità indulgente. Il fuoco si era avvicinato, e aveva bruciato tutto.

Quella sera d'inverno del '73 il «cretino», cioè io, aveva la voce arrochita. Non per un raffreddore di stagione, ma per aver urlato troppo durante un corteo del pomeriggio: «Lollo libero, fuori i compagni dalle galere». Il «cretino», cioè io, malgrado l'ardore militante della giornata di lotta per un obiettivo santo e giusto, accettò tuttavia l'ingiunzione paterna, sebbene *obtorto collo*. E un po' per curiosità, un po' perché non era possibile rifiutarsi di leggere qualcosa senza fare la figura del fanatico fondamentalista che fugge da un testo demoniaco, cominciò, cioè cominciai, a sfogliare di malavoglia le carte che dovevano restare coperte dal segreto professionale. Ma la svogliatezza si dileguò molto presto. Dopo poche pagine quella lettura diventò infatti per me qualcosa di straziante, e la serata trascorsa con il capo chino su quei fogli così imperiosamente imposti lo scenario di uno choc personale ed esistenziale fortissimo. Fu il momento della vera rottura psicologica con il mondo al quale avevo scelto di appartenere per spezzare il legame con mio padre fascista. Una rivelazione tremenda. La scoperta di una grande menzogna. La vergogna di aver dato retta a chi diceva bugie senza pudore. E che non sapeva commuoversi con dignità nemmeno per la morte violenta e atroce di un bambino di dieci anni bruciato vivo da una banda di ben pasciuti mascalzoni che volevano far molto male alla famiglia di un netturbino della borgata Primavalle: e solo perché era un fascista.

Quella sera mio padre era davvero arrabbiato con me, e anche furioso con se stesso perché si vedeva costretto a violare un codice deontologico per lui intoccabile. Con un gesto brusco, mi indicò un voluminoso fascicolo poggiato sulla scrivania. Erano le carte processuali, alcune già pubbliche, altre ancora da portare davanti ai giudici (le più eloquenti, le più tristi), che si riferivano a quello che i giornali avevano stancamente rubricato come il «rogo di Primavalle». Mio padre aveva assunto la difesa, assieme ad altri avvocati del partito, di Mario Mattei, segretario della sezione del Movimento sociale di Primavalle «Giarabub», padre di Stefano, dieci anni, e Virgilio, ventidue anni, morti nell'incendio divampato nella sua casa la notte del 16 aprile 1973. Ecco perché aveva quelle carte che parlavano di un incendio voluto, ricercato, appiccato per produrre il massimo effetto distruttivo. Ma io, quel pomeriggio, avevo gridato tutto il tempo «Lollo libero», per la libertà di Achille Lollo e degli altri «compagni» accusati, senza sapere niente.

Leggendo quelle pagine, lentamente, una dopo l'altra, entravo a poco a poco nel tunnel dell'orrore. In quelle carte era spiegato, nel dettaglio, minuziosamente, senza saltare neanche il particolare più orribile, tutto ciò che era accaduto al terzo piano, scala D, lotto 15, di un quartiere popolare di Roma. Qualcuno aveva cosparso di benzina il pianerottolo davanti alla porta e fatto filtrare il combustibile con un piano inclinato dentro la soglia, per poi lasciare l'innesco sul pianerottolo e scappare. L'innesco esplose, come previsto. La benzina prese fuoco e bruciò tutto. Bruciò in pochi secondi l'intero appartamento del fascista Mattei, grande 40 metri quadri appena e dove, quella notte, come tutte le notti, dormivano in otto: i due genitori, Stefano e Virgilio, Giampaolo, e poi le sorelle Antonella, Lucia e Silvia. Otto persone in 40 metri quadri. Gli assassini, che immaginavano di avere a che fare con chissà quali efferati nemici di classe, forse non erano mai entrati in vita loro in un appartamento di 40 metri quadri. Non immaginavano nemmeno come potesse esser fatto, e come potesse essere abitato da una famiglia tanto numerosa.

Continuavo a leggere, mentre mio padre, silenzioso, la sigaretta tra le dita, camminava su e giù per la stanza. Al terzo piano del lotto 15 di Primavalle, scala D, appartamento di 40 metri quadri, nel tempo di un boato andarono a fuoco i mobili, i letti, l'armadio, i vestiti: tutto. Le fiamme bruciarono anche i pigiami che i bambini avevano indosso. Una nube di fumo nero, alimentata per paradosso da uno schiumogeno usato maldestramente nel terrore di quegli attimi, aveva reso l'aria asfissiante. Mario e sua moglie spaccarono i vetri delle finestre dalle maniglie oramai arroventate, e aiutarono i ragazzi a buttarsi giù, nel vuoto. Se non se la sentivano, dovevano farsi coraggio e saltare lo stesso, con le mani già ustionate, a occhi chiusi. Scaraventandosi dalle finestre, quasi tutti i ragazzi si ruppero costole e vertebre. Una volta in strada, il padre cominciò a urlare disperatamente a chi si affacciava inorridito dalle finestre delle case vicine: «Salvate i miei figli, chiamate i pompieri». Infatti ne mancavano due all'appello.

Virgilio, ventiduenne, non era riuscito a buttarsi giù. Stava cercando di salvare Stefano, il fratellino di dieci anni intrappolato nelle fiamme. In quei momenti convulsi arrivò un fotografo che ebbe la prontezza di scattare una delle immagini più terrificanti della nostra storia recente. Dove si vede Virgilio piagato dalle ustioni che gli avevano già deformato il viso, oramai immobile alla finestra, come una statua carbonizzata. Non si vede però il piccolo Stefano, avvinghiato alle gambe del fratello, morto di paura prima di finire bruciato insieme a lui. Non c'è l'audio, in quella foto, altrimenti, come hanno raccontato i testimoni, si sentirebbero le urla, oramai vane, di un padre travolto dalla disperazione: «Virgilio, buttati! Virgilio, buttati!». Un'istantanea mostruosa. Una foto che i parenti del netturbino fascista di Primavalle strapparono pietosamente dalle pagine dei giornali per non farla vedere alla signora Mattei. Una fotografia che abbiamo dimenticato tutti molto presto. O che facciamo finta di non ricordare, per l'eccesso di emozioni che potrebbe provocare. O per il senso di colpa causato da una strage di cui non si è mai voluto afferrare il significato, affogandolo in un mare fangoso di ipocrisia.

Io, prima di quella sera d'inverno, non avevo ben capito che cosa fosse esattamente accaduto a Primavalle, non ne avevo pesato la spaventosa portata umana, non avevo colto il puro orrore che adesso potevo ricostruire un brandello alla volta, riga dopo riga, dalle carte che mio padre mi aveva così furiosamente trascinato a leggere. Ora riuscivo finalmente a guardare ogni fotogramma di quella sequenza da incubo, come al rallentatore, senza omissioni, senza edulcorazioni. Non potevo più minimizzare l'enormità di quel delitto. Avevo un'idea meno di maniera del terrore vissuto da quei ragazzi. Di quella foto tremenda. Di Stefano, un ragazzino di dieci anni che non si poteva vedere perché era troppo piccolo per arrivare al davanzale, terrorizzato e aggrappato alle gambe del fratello maggiore, che era tanto più grande ma non era riuscito a salvarlo. Non avevo capito niente, prima. Avevo finto di non vedere il significato politico di quella carneficina, che invece emergeva chiarissimo da quelle carte. Avevo gridato slogan insensati e, alla luce di quello che avevo letto, anche un po' disumani. Perché la verità tragica di ciò che era accaduto quella notte venne subito offuscata da un concerto odioso di depistaggi, manipolazioni, bugie, che occultarono le cose così come erano realmente avvenute per farne invece la trama dell'ennesimo racconto menzognero. Quello in cui avevo voluto credere. Quello per cui mi ero beccato l'umiliante «cretino» urlato da mio padre, mai così furibondo con me.

Avevo letto in poche ore una storia raccapricciante. Ma ancora più orrendo fu l'accanimento contro le vittime da parte di una stampa corriva, insensibile alle conseguenze di un gesto mostruoso che aveva spezzato il cuore di una famiglia fascista di Primavalle. C'era un bambino divorato dal fuoco in un appartamento di 40 metri quadri, e i giornali dell'establishment rispettabile, invece di inorridire di fronte a tanto strazio, cominciarono a gridare unanimi al «regolamento dei conti» tra i «neri», a una primitiva e losca «faida tra fascisti». Si leggevano cose così, neanche il tempo di aspettare i primi risultati dell'inchiesta, neanche l'ombra di un dubbio, o un soprassalto, sia pur passeggero, di solidarietà umana: «La provocazione fascista oltre ogni limite arriva al punto di uccidere i suoi figli. Un bambino di otto anni è il costo di una criminale vendetta fascista». Pure sull'età del bambino si sbagliavano (ne aveva dieci, di anni). Senza la minima volontà di documentarsi, di capire che cosa fosse effettivamente accaduto.

Giocavano, mostrando una frivolezza spaventosa, con le parole più in uso: «fiamma» assassina sì, ma ovviamente «fiamma tricolore», come il simbolo missino. «Le macabre buffonate della pista rossa» si scriveva. «Solo una mente fascista poteva pensare di appiccare il fuoco a un appartamento di un lotto proletario» si ribadiva. Invece non era una «mente fascista». Il «lotto proletario» era stato colpito con la stupidità omicida di chi fantasticava di compiere un atto rivoluzionario cospargendo di benzina il pianerottolo di un appartamento popolare di 40 metri quadri abitato da otto persone. Le carte che mio padre volle farmi leggere con indignata prepotenza squadernavano in modo crudo tutta la verità. Gli assassini venivano dal mondo che contava, sicuro di sé, convinto della propria «superiorità». Erano i rampolli vezzeggiati e protetti che al massimo potevano conoscere Primavalle come i primi colonizzatori europei avevano immaginato e sottomesso l'Africa: un mondo inferiore, dove l'umanità non esisteva, esistevano solo astrazioni, e dove i fascisti, anche se con uno stipendio miserevole, rappresentavano l'astrazione della subumanità, materia sacrificabile da immolare in nome dei sacri princìpi ingoiati da giovani carnefici senza serietà, senza densità morale, abbrutiti da un feroce spirito di branco.

Ma la cosa più squallida era che, dietro questi mentecatti che avevano bevuto il minestrone dell'odio senza pentirsi di aver assassinato un ragazzo e un bambino, ci fosse la protezione complice della parte «giusta». Tutto il mondo accreditato, autorevole, quello che avevo scelto per affrancarmi dal mondo dei reietti come mio padre, si era messo con grande impegno a costruire una barriera di bugie per difendere i loro virgulti che passavano le sere a riempire le taniche destinate a incendiare una minuscola casa e chi vi abitava. La chiamavano «controinformazione», ma era una menzogna allo stato puro. Un politico di sinistra, di fama e di lunga esperienza, arrivò a scrivere una lettera aperta al padre del principale indagato per suggerirgli il blasfemo paragone tra la prigione che ospitava suo figlio e un campo di concentramento nazista. Coprivano deliberatamente gli assassini perché ammazzare i fascisti e i loro figli non era considerato un atto particolarmente abietto: ecco che cosa stavo scoprendo in quelle carte. Altro che «Vado verso la vita!».

Avevo gridato «fuori i compagni dalle galere» fino a poche ore prima e ora sentivo un divario troppo netto, un distacco insormontabile tra la realtà atroce di una strage e le fandonie architettate per nasconderla. Ero stato un «cretino», davvero. Ci avevo creduto. Mi ero impegnato nella solidarietà a una banda di assassini pensando che fossero gli agnelli sacrificali del Sistema. Fu questo colpo ad aprirmi gli occhi, a farmi crollare un'illusione. Molto più di mille ripensamenti ideologici. Di tante discussioni dottrinarie, di dibattiti senza fine, di letture nuove sino ad allora considerate stravaganti, proibite. La primavera delle certezze adolescenziali finì quella sera, con mio padre che fumava nervoso mentre io non smettevo di sfogliare quelle pagine terribili. Sentivo l'umiliazione del disinganno. Non mi colpivano tanto i miei coetanei, ignoranti e superficiali come me. Ma i padri della Patria che pretendevano di incarnare il mondo rispettabile, che godevano di ottima reputazione e che volevano occultare le turpitudini dei loro figli assassini. E che usavano l'antifascismo per tacere di una strage che aveva colpito i fascisti. Che non erano stati turbati da nessuna scossa, da nessun soprassalto emotivo, da nessun senso di sconfinata ingiustizia per la morte atroce di un bambino bruciato vivo, solo perché era figlio di un fascista. Un figlio di fascista anche lui, come me.

VIII
«Sudare sangue»

Fui assalito da una grande insicurezza perché sentivo di aver perduto un round importante nell'incontro di pugilato senza fair play che stavo combattendo da anni con mio padre. Lui aveva aperto una breccia nel mio muro difensivo e, ne ero certo con grande disappunto, se ne compiaceva anche. Vedeva i segni della mia delusione, la ferita profonda di un disinganno. Leggeva il mio stupore per la prova miserabile di piccineria in cui ai miei occhi era precipitato il mondo che avevo scelto di abbracciare in polemica con il fascismo di casa. E a proposito di casa, ecco, moralmente ora non ne avevo più davvero una e non ne avrei più avuto una, e questo mi metteva un po' paura. Anzi, molta.

Continuavo macchinalmente, per abitudine, per fuggire la solitudine, per ritualità amicale, a sgranare il rosario quotidiano di riunioni inutili, di dibattiti inconcludenti, di campagne sempre meno convincenti in cui si era avvitata la grande passione politica che aveva contribuito a fracassare il grimaldello della casa di famiglia, ma che oramai si stava riducendo a pallosa routine burocratica di microapparati chiusi e arroganti. Però la luce si era spenta. L'ardore, svanito. E anche il mio spirito bellicoso, nella guerra dichiarata al fascismo di mio padre, rischiava di appassire: era questo annuncio di ritirata che però non potevo sopportare. Come gesto di silente ritorsione votavo segretamente per il Partito radicale, che nella sinistra di allora era come bestemmiare in chiesa. Divoravo i romanzi, gettando nella spazzatura la legnosa opuscoleria politica, non di rado rubacchiata nelle troppo indulgenti librerie del compagno Feltrinelli, che ci rinsecchiva le menti. Ma quella breccia che mio padre viveva come un trionfo mi aveva lasciato scoperto, in uno stato di precaria sospensione emotiva. Avevo bisogno di linee di demarcazione più nette. Se mi allontanavo dalla parte giusta, tuttavia non volevo nemmeno di nuovo avvertire nelle vicinanze, come contraccolpo, l'alito guasto della parte sbagliata. Temevo il passo indietro, il cedimento, la perdita di un confine che avevo gloriosamente tracciato nel fuoco dello scontro.

Sul piano per così dire teorico e culturale potevo riconoscere con un certo compiacimento di sentirmi sufficientemente corazzato. Oramai il fiume l'avevo attraversato. La rottura era irreversibile. Non mi era più possibile dare ragione a mio padre. Il suo mondo continuava a respingermi, estraneo e condannato dalla storia, e aveva le ragnatele addosso. Mi sembrava sporcato dalla polvere di un passato di cui era impossibile essere orgogliosi. Però sul piano psicologico le cose erano più agitate. Si era formato un grumo di inquietudine e di incertezza. Quel varco andava riparato e sigillato. E perciò decisi di richiuderlo con astio, con molto astio. Che non si facesse illusioni, mio padre fascista, che aveva vinto una battaglia ma non la guerra con me. Gli avrei concesso solo qualche sporadica chance di convivenza non conflittuale, e solo su richiesta esplicita da parte sua. Ma per il resto: la guerra, anzi la guerriglia, doveva continuare. Se possibile, più arrabbiata e rancorosa di prima.

Solo qualche tregua, e solo per riprendere un po' il fiato e allentare la tensione. Per esempio, nel '77 mi interpellò più volte come consulente linguistico, perché gli serviva il mio aiuto per decrittare il misterioso vocabolario dei militanti dell'estrema sinistra. Gli capitava infatti sempre più spesso di dover assumere la difesa di figli di suoi amici invischiati nell'area dell'estremismo armato, semiarmato o comunque contiguo al terrorismo. Figli di borghesi che si rivolgevano all'avvocato fascista per non mettere la loro prole rivoluzionaria nei pasticci giudiziari provocati dal fanatismo ideologico degli avvocati del Soccorso rosso: quelli che disdegnavano la difesa «tecnica» e non tutta politica delle vittime della «giustizia di classe», con grave danno per i loro sprovveduti assistiti. L'avvocato fascista li accoglieva volentieri, ovviamente rovesciando l'impostazione dei suoi colleghi della parte opposta. Una difesa supertecnica, in punta di diritto, senza nessuna sbavatura politica. E mio padre si era messo di buona lena in questa nuova, imprevista attività. Solo che più di una volta non fu letteralmente in grado di capire quello che i ragazzi fermati o arrestati gli andavano blaterando nel loro lessico di piccola setta. Io avrei potuto essergli di sostegno. In fondo anch'io, giovanissimo e smanioso compagno di strada, avevo condiviso quello slang impenetrabile.

Mi chiedeva ansiosamente, sbalordito che alcuni suoi connazionali, sia pur tanto più giovani, potessero parlare un italiano così indecifrabile per lui: «Ma che diavolo vuol dire questa storia che avevano deciso di "tirare le bocce?"». E io a spiegargli che «bocce» era solo l'affettuoso nomignolo con cui erano state gergalmente ribattezzate le bottiglie Molotov. Ancora lui, spiazzato da una parlata insurrezionalista di cui era totalmente digiuno: «E che differenza c'è, scusami, tra un corteo "militante" e uno "pacifico e di massa"?». E io: «Ma dai, figurati se non l'hai capito, non puoi fingere in questo modo». «Ma no, credimi, non capisco: "militante" in che senso?» E allora gli spiegavo pazientemente, ma con il ragionevole sospetto che mi stesse raggirando per stanarmi, che in quel preciso contesto guerrigliero, «militante» voleva dire munito di tutto l'armamentario e l'equipaggiamento per sostenere con perizia ed efficacia i ricercati scontri con la polizia. «E scusami eh, è un po' imbarazzante chiedertelo, ma perché dicono continuamente, ma proprio sempre, ogni due parole, "cazzo"?» Che domande assurde che fai: perché noi giovani diciamo continuamente, sempre, ogni due parole, «cazzo», papà. Ma tutti, aggiungevo, mica solo quelli di sinistra. Anche i tuoi camerati fasci della mia età. «Sicuro?» Sicuro, papà. Anche i tuoi fasci dicono «cazzo» in tutte le frasi, stanne certo.

Ma la breccia andava riparata. Le parentesi di buonumore, brevi e rapide parentesi erano e brevi e rapide parentesi dovevano restare. Lo scontro tra di noi divenne perciò asimmetrico. Mio padre sperava in un primo passo verso una faticosa, problematica, ma comunque possibile riconciliazione. Che io, invece, temevo come l'antefatto di un'umiliante sconfitta. La certificazione di una fuga fallita. La prova di una rottura non riuscita. Ne venne fuori uno stranissimo modo di parlarci: un match furioso, non un posato dibattito. Si accese tra di noi, per colpa mia, una zuffa storico-politica interminabile, scandita non da domande e risposte, ma da recriminazioni, giustificazioni, assalti, trappole, interrogativi capziosi, rinfacciamenti, rimproveri, provocazioni. Mio padre non si arrendeva, non si rassegnava all'idea che non potessimo restituire il nostro rapporto a un piano di passabile civiltà. Ma se per lui quegli scontri rappresentavano comunque la ricerca di un filo capace di riallacciare un dialogo interrotto traumaticamente anni prima, per me non erano che la continuazione della guerra con altri mezzi.

Perciò lui si mostrava gentile e disponibile con me. Era paziente. Voleva che capissi cosa lo aveva portato a scegliere la strada della sconfitta. E cosa avesse rappresentato per lui la tragica avventura di Salò, una vita da bruciare nello spasmo storico ed esistenziale delle poche ore successive all'8 settembre del '43. Cosa avesse significato la «morte della Patria» che si era abbattuta senza pietà su un acerbo ventunenne cresciuto ad amor di Patria, un ideale destinato a marcire. Io, invece, ero costantemente sgradevole, polemico, scontroso, aggressivo. Le mie domande, altrettanti capitoli di un interrogatorio condotto con malanimo vendicativo. E soprattutto, per quanto fossi cambiato, non si era dissolta nella mia testa e nel mio cuore l'eredità di anni in cui gridavamo che «il personale è politico». Era il lascito non smaltito di tempi rudi e ultimativi, in cui si diceva che la dimensione della vita e quella della politica dovessero coincidere interamente. E in cui si teorizzava la necessità che una persona potesse e dovesse risolversi tutta, e senza residui, nel suo essere politico, e viceversa. Erano passati gli anni, era cambiata la mia dieta culturale, però questo morbo nella mia mente produceva ancora le sue terribili distorsioni.

Io pensavo, come molti di quelli che erano come me, in buonissima fede, per drastiche semplificazioni. Vivevo ancora, e malgrado tutto, dentro una cornice di iperpoliticismo dove era obbligatorio che i giudizi sulle persone, deformati dai pregiudizi della politica, ripudiassero ogni sfumatura, dovessero suonare perentori e taglienti. E senza riguardo per ciò che di semplicemente umano resta fuori da una scelta politica, che in fondo è solo un pezzo, e nemmeno il principale, dell'identità di ciascuno di noi. Era mio padre, ma era fascista: non avevo la forza, e la voglia, di disgiungere nella mia testa e nel mio cuore due pezzi che dovevano necessariamente, per quello che mi riguardava, restare inseparabili.

Certo, mi avevano sempre turbato gli slogan truculenti con cui la «mia» militanza antifascista troppo spesso diventava nei cortei greve istigazione all'odio personale per l'essere umano fascista, fino al punto di invocarne la soppressione fisica. «Uccidere un fascista non è reato», «Almirante come Falvella con un coltello nelle budella», «Camerata basco nero, il tuo posto è al cimitero» erano bestialità che pensavo fossero solo la schiuma inquinata di un movimento che però non cessava di apparirmi impetuoso e orientato sul verso giusto della storia e della vita. Ovviamente, non volevo, non potevo desiderare nemmeno per scherzo che mio padre fosse ucciso e che il suo assassinio fosse addirittura considerato un «non-reato». Non volevo certo che il cimitero diventasse la sua dimora. Non volevo che prevalesse la prepotenza sanguinaria dei guappi dell'antifascismo violento desiderosi di piantare coltelli nelle budella di quelli come mio padre. Sentivo orrore e pena per quelle grida barbariche. Ma non al punto (ancora) da respingere l'idea vagamente disumana che una scelta politica potesse contenere in sé la pienezza di una vita. E che dunque dovessero essere distrutte tutte le barriere che proteggono il mondo degli affetti dalle pretese della politica e della storia. Per questo le discussioni con mio padre degeneravano sempre in un rabbioso corpo a corpo in cui pensavo di avere il diritto di usare ogni mezzo per cercare di demolirlo, o almeno di metterlo alle corde.

Lui, no. L'identificazione assoluta tra il «personale» e il «politico», conosciuta sulla sua stessa carne nei tempi infuocati della guerra civile, gli era concettualmente estranea in tempo di pace. L'orrore di quella identificazione spietata era stato uno degli incubi della sua vita, e non voleva ripiombare in quell'oscurità. Perciò la dimensione degli affetti primari restava per lui intoccabile, incondizionata, al riparo dalle incursioni prepotenti delle ideologie, anche in epoche, come quella degli anni Settanta, in cui la dicotomia tra amico e nemico regnava indisturbata, provocando degenerazioni terribili nei comportamenti quotidiani di tante persone. Mio padre, fascista non pentito, non poteva perciò mettere suo figlio nella schiera dei nemici da battere, o da abbattere, o da liquidare per il solo fatto che militassero in un campo avverso, addirittura opposto.

Però trovava inconcepibile anche il contrario, e cioè che invece su se stesso e sulla sua storia non si esercitasse da parte mia, per quanto giovanilmente stronzo potessi essere, l'arte elementare della distinzione. Esigeva reciprocità, che io non volevo concedergli. Cominciò a regalarmi molti libri che raccontavano il suo mondo e ciò che lui era stato tanti anni prima, e ogni volta accompagnava la consegna del libro con dediche tenere e affettuose. Io, però, non volevo leggere quei libri, che continuavano ad apparirmi astiosi e avvelenati dal rancore. Solo dopo la sua morte ho cominciato a conservare quelle dediche come richieste di armistizio di un padre desideroso di metter fine alla guerra che suo figlio gli aveva scatenato contro, unilateralmente.

Una di queste dediche mi torna di continuo alla mente, per cui mi piace trascriverne una parte, anche per testimoniare meglio quanto fosse tempestoso quel goffo tentativo di riavvicinamento armato tra un padre fascista e un figlio che, evidentemente, non aveva ancora una grande voglia di smettere di tradirlo. «Il mio non è un gesto polemico» scriveva mio padre «e non è nemmeno un atto malizioso e callido: penso che vorrai escludere, nei rapporti tra padre e figlio, il ricorso alla malizia o, peggio, alla callidità.» Dopo essere andato a cercare sul vocabolario il significato di «callido», aggettivo a me totalmente sconosciuto perché completamente caduto in desuetudine come tanti altri che mio padre sceglieva con cura forse proprio perché desueti, riprendevo la lettura: «Questo libro è una spietata autobiografia degli uomini della mia generazione» («della mia generazione» era sottolineato due volte) e «siffatte testimonianze contengono sempre il lievito di un messaggio che talora viene raccolto, tal'altra rimane incompreso o viene rifiutato». Alla fine, il sunto morale della dedica, il messaggio implicito in quel regalo: «La testimonianza umana, no: è sempre da accogliersi. È sempre degna di meditazione. Perciò, questo che può apparire un dono singolare è invece soltanto un atto di stima e di amore. Critica e, se lo ritieni, respingi addirittura il messaggio di cui è sostanziato. Accetta, invece, la testimonianza di una generazione che ha pagato in proprio (e sta pagando), la generazione "bruciata" di tuo padre».

Insomma: fai lo sforzo di separare l'uomo dalla sua appartenenza politica. «Respingi» pure il contenuto della mia scelta (il mio fascismo), ma medita, con «atto di stima e di amore» di cui ti supplico di tener conto, sulla «testimonianza umana» che ti racconta chi sono stato, cosa mi ha spinto a imboccare quella strada, come mai, con quale spirito, per quale «impennamento dell'anima», tanti anni fa io mi sia gettato assieme ad altri miei coetanei ingenui e imberbi nel burrone di una disfatta certa. «Respingi», ma «accetta»: era l'esatto contrario dell'identificazione tra «umano» e «politico», «personale» e «politico», e cioè del dogma più frequentato nel mondo che anni prima avevo deciso di abitare in polemica con lui. Mio padre separava, dove io, noi, mischiavamo e rendevamo tutto omogeneo, secondo uno schema rozzamente manicheo. Distingueva, dove io, noi, operavamo per brutali sovrapposizioni.

Io detestavo singolarmente, uno per uno, i nemici e i fascisti come lui, e non potevo prescindere dall'obbligo morale e conformistico di fare una cosa sola del giudizio politico e del (pre)giudizio umano. Mio padre, no: detestava la sinistra, forse la odiava addirittura, perché gli aveva rubato i figli, ma aveva comprensione e persino simpatia per i singoli, per le persone. Per quelli come me. Era curioso dei miei amici e dei miei compagni. Era convinto che fossimo caduti in un abisso di stupidità e persino di abiezione ideologica, ma scherzosamente diceva di aver imparato a distinguere l'«errore» dall'«errante», sebbene non amasse troppo il progressista papa Roncalli che un po' di anni prima aveva dato chiarezza dottrinale a questa formula. Tornò addirittura divertito e di ottimo umore dopo aver visto al cinema *Io sono un autarchico* di Nanni Moretti: «Sei tu, è la tua fotografia, scombinato come te. Fate tanto i duri, ma siete fragilissimi». Anche se era di estrema sinistra, ammirava molto Franco, il fratello di Nanni, con cui per un po' insieme ad Alberto Flores d'Arcais avevamo formato un terzetto di inseparabili che decisero addirittura di trascorrere un mese intero nella Transilvania di Ceauşescu per vedere «i posti di Dracula»: «Una persona seria, uno studioso in gamba» ripeteva sempre (sottotesto: mica uno sconclusionato fancazzista come te, e non aveva torto).

Io, al contrario, cercavo provocatoriamente il *redde rationem*. Ero insolente, ingiusto, perentorio. Non volevo tregue o armistizi, ma portare lo scontro a una temperatura incandescente. Come a rimarcare una differenza insormontabile. Come a volergli negare, con la perfidia arrogante di chi sa di avere un interminabile futuro dalla sua parte, la speranza stessa di una riconciliazione. Lui mi scriveva chiedendo comprensione per «noi della parte perdente», pensando che fosse finalmente giunto il momento «di una disamina distaccata». Così scriveva più volte, con studiata ripetitività: «distaccata». Mio padre conosceva il buon uso delle parole. Sapeva che quell'aggettivo non era asettico o neutrale, ma indicava la necessità di una pausa, delle armi che per un po' devono tacere, di una riflessione non offuscata da passioni troppo travolgenti, da atteggiamenti boriosamente ultimativi. «Distaccata» voleva dire: pensiamoci su insieme, non ti chiedo di cedere, non pretendo di fagocitare il tuo dissenso che rispetto anche se mi addolora, litighiamo pure ma proviamo a ricomporre la frattura che ci ha avvelenato gli anni passati. Io, invece, non solo recalcitravo all'idea che con mio padre si potesse avviare una composta e «distaccata» discussione, ma cercavo deliberatamente il parapiglia. «Distaccata» non mi piaceva. Anzi, decisamente mi irritava, mi indisponeva. Acuiva la mia sconsiderata bellicosità, mentre lui agitava il ramoscello della pace.

Mi scrisse anche, per dare robustezza e profondità storica a quella richiesta di maggior distacco emotivo, che «l'anagrafe è un dato oggettivo e la Verità sarà sempre più vicina man mano che saranno più lontani i partecipanti in prima persona di quegli anni del "sudar sangue"». Usava la parola Verità con la maiuscola, e questa maiuscola sembrava fatta apposta per non farmela piacere. Si appellava all'anagrafe, alla distanza temporale dai fatti di cui discutevamo con tanto ardore, ma a me sembrava il solito ritornello autoassolutorio della «pacificazione», della parificazione dei torti. Non mi piaceva neanche questo. E anche sul «sudar sangue», che per la verità è un'immagine molto bella, molto forte e molto vivida, avevo di che eccepire. Il «sangue», certo: ma quale «sangue»? Mica il sangue è uguale per tutti, ripetevo meccanicamente, salmodiando le solite virtuose litanie del catechismo antifascista: mica tutte le morti sono uguali; c'erano le morti giuste, e quelle sbagliate. Quelle della sua parte erano sbagliate. Sbagli portati nelle proprie ossa per l'eternità. Non un severo giudizio storico, ma un verdetto morale di colpevolezza da trascinare sin dentro le tombe. Sbagliate, ovviamente.

Inebriato dalla certezza di parlare a nome della parte giusta, mi comportavo perciò come un banale, forsennato funzionario di un'odiosa polizia culturale. Accusavo mio padre di ogni crimine, come se fosse lui personalmente il responsabile di tutto il male commesso dal fascismo, dai suoi capi, dai suoi sicari e dai suoi eredi. Gli interrogatori che io stavo inscenando non prevedevano mai un accordo, sia pur precario, per arrivare a fatica a una conclusione, sia pur provvisoria. Le parole dell'accusato, mio padre fascista, non appagavano la sete di certezze colpevoliste, la smania della condanna preventiva che mi esasperava e mi infiammava.

Quasi tutte le mie obiezioni erano singolarmente prive di ragionevolezza storica, o di verosimiglianza biografica. Era come se lui fosse stato fisicamente presente a ogni gesto abominevole, testimone oculare di ogni scelleratezza che rendeva la sua parte un ricettacolo di mostri. Gli chiedevo che cosa avesse da dirmi sulla Risiera di San Sabba. Non ascoltavo nemmeno la sua risposta. Neanche il tempo di mettere insieme due frasi, l'abbozzo di una spiegazione su un tema così angoscioso e delicato, e subito l'inquisitore che era in me, memore di letture resistenziali trangugiate in fretta il giorno prima, incalzava impaziente: «E di Fossoli, che mi dici? Eh, che mi dici di Fossoli?». «Dunque...», «No, che mi dici, eh?»

E insistevo, in forme sfacciatamente moleste: Sant'Anna di Stazzema, dove i nazi avevano versato tutto quel sangue di innocenti, non era forse a due passi dalla Garfagnana dove stava combattendo lui? E allora, che cosa aveva da dire su quella sospetta vicinanza? Mio padre era incredulo, sgomento, colpito da tanta rozza animosità: «Sei impazzito, forse? Mi stai accusando pure di aver partecipato alla strage di Sant'Anna di Stazzema?». Non proprio, ma insinuavo per provocare. Se poi lui diceva di non sapere qualcosa, la mia irritazione cresceva. Perdevo facilmente il senso della geografia, delle distanze reali. Nella veemenza polemica veniva cancellata ogni nozione del tempo e dello spazio. Sragionavo come un figlio della televisione che pensa che sia tutto in diretta, che persino in una guerra di dimensioni mondiali ci sia il dono dell'ubiquità per cui tutti stanno dappertutto e tutti sono responsabili di quello che accade simultaneamente a centinaia e migliaia di chilometri di distanza. E delle sevizie di quei mascalzoni torturatori che andarono con Pietro Koch, anche lì non sapeva niente? E sulle malefatte della banda Carità, aveva nulla da dichiarare?

. E che cosa gli ispirava un nome come la pensione Jaccarino, dove i carnefici fascisti si abbandonarono a ogni genere di brutalità sui prigionieri? E perché nei suoi giri per Roma non mi aveva fatto vedere la targa commemorativa che sta ora in via Romagna e dove è scritto «che qui sorgeva» un villino che «divenne luogo di detenzione e torture per molti patrioti ... e molti ne uscirono soltanto per essere avviati al plotone d'esecuzione. Per non dimenticare»? E lui, che quando io ero bambino mi parlava degli attori del cinema dei «telefoni bianchi» Luisa Ferida e Osvaldo Valenti, perché mi aveva tenuto nascosto che quei due maiali si facevano di cocaina e godevano quando le vittime dei loro protettori venivano massacrate a Villa Triste?

«I fanatici ci sono da tutte le parti» era la risposta che mi faceva infuriare di più. Lui invitava a «contestualizzare», termine che mi risulta sempre orribile, anche quando molto, troppo spesso, viene usato a sinistra per giustificare le atrocità compiute in nome di (presunti) nobili ideali e poi, a furia di giustificazionismi, si finisce per aspettare decenni prima che qualcuno si accorga delle proprie colpe e si chiuda finalmente la stagione dell'omertà autoindulgente. Ma pronunciato da mio padre, quel termine, «contestualizzare», mi appariva se possibile ancora più falso e ipocrita. Anche perché quando ero bambino, cera molle da plasmare, lui mi aveva terrorizzato con i racconti sulla malvagità dei partigiani, su quelli che lo volevano accoppare in Garfagnana, sul filo spinato del campo di Coltano, su Gemisto, sulle ausiliarie fasciste dileggiate e stuprate nelle «radiose giornate» attorno al 25 aprile. Allora lui, in quel caso e con quei rapporti di forza così sfavorevoli a me, non «contestualizzava» neanche un po'. Mica «inquadrava», mica parlava di «pochi fanatici», non diceva ancora che quelli della banda Carità erano, parole sue ma solo di alcuni decenni dopo, «delinquenti comuni che si facevano forti della loro divisa per sfogare il loro sadismo». E adesso, pretendeva di «contestualizzare» i suoi, di orrori? Troppo tardi, troppo comodo. No, non ci stavo.

Ed esageravo, però. Perdevo, in quella furia inquisitoria, la percezione degli anni, il senso della vera successione temporale degli eventi. Mi sfuggiva totalmente la dimensione della responsabilità personale. Praticamente gli rinfacciavo persino di essere uno degli aguzzini di Antonio Gramsci, che è morto nella clinica Quisisana quando mio padre aveva quattordici anni e faceva l'avanguardista con tutti i suoi coetanei. E tutta la nutrita galleria dei martiri dell'antifascismo nel ventennio del regime trionfante veniva caricata sulle spalle di uno che al tempo era soltanto un ragazzino. Come se lui fosse stato materialmente uno dei picchiatori che avevano pestato a morte Giovanni Amendola, uno degli efferati assassini di Matteotti e di don Minzoni. Uno della banda omicida che a Bagnoles-de-l'Orne, nella Bassa Normandia, aveva fatto fuori i fratelli Rosselli, addirittura. Non andavo per il sottile, perché con i fascisti non si andava, era tassativamente vietato andare, per il sottile. Se continuavano a difendere quel regime, allora se ne dovevano assumere ogni responsabilità. Tutto il peso delle cose brutte, nessuna esclusa.

Ogni frammento del passato doveva essere messo sul conto dei delitti moralmente imprescrittibili da scontare, per aggravare la condanna senza appello. Bisognava trattare i fascisti, pensavo allora, e lo pensavo anche dopo che si erano esauriti gli effetti della sbornia estremista in cui mi ero inebriato negli anni della rottura, con un'intransigenza che nessuno si sarebbe sognato di replicare nel campo avverso. Dove invece contavano (e contano) solo la «bella gioventù», gli «ideali», anche se macchiati da delitti immani. E dove contano, per carità, solo le «nobili intenzioni», anche per le cose ignobili che ne hanno deturpato la realizzazione. Era una fase della mia vita in cui stavo rivedendo tutto il mio passato. Non una tessera del mosaico ideologico che mi aveva stregato stava rimanendo al suo posto. Ero diventato un feroce revisionista di me stesso. Ma pretendevo di restare solo, senza rientrare nei luoghi da cui ero scappato. E comunque rimaneva la pretesa di un doppio registro: quello da squadernare contro i fascisti e quello da maneggiare con cura e delicatezza per tutti gli altri, i «buoni» per definizione. Con mio padre fascista, anche dopo la mia rottura con il passato, la resa dei conti non poteva finire così, con un frettoloso abbraccio purificatore. Bisognava andare fino in fondo. Spietatamente. Con cattiveria, anche.

Non so come, ma mio padre, quando oramai non vivevamo più sotto lo stesso tetto, venne a sapere che nelle mie letture avevo rotto drasticamente con quello che Lucio Colletti, uno dei miei maestri di eresie culturali a cui sarò eternamente grato, con immagine vivace aveva sarcasticamente definito «il fronte unito dei libri antifascisti»: letture nuove che segnarono, per così dire, il mio risveglio dal sonno dogmatico, letture eterodosse, eccentriche, spregiudicate, critiche senza complessi con l'esperienza storica e intellettuale del comunismo. Ossigeno puro, morale e intellettuale. Credo che mio padre lo avesse intuito non saprei bene a partire da quale indizio, o forse, ma è solo una congettura, sbirciando tra i titoli dei volumi che ogni tanto portavo a casa quando andavo a trovare i miei genitori. Io non glielo avevo detto. Non gradivo affatto che lui sapesse. Non volevo lasciare appigli sguarniti, non volevo che quelle letture potessero costruire un ponte tra di noi, un terreno di intesa, o addirittura di complicità. Quegli anni di scoperta volevo tenerli per me, non potevano essere una tappa di riavvicinamento a lui.

Mi piaceva, e mi dava energia, quell'addentrarmi emozionante nelle letture un tempo proibite, quel continuo andare a sbattere su rivelazioni sconvolgenti sulla storia comunista che mi allontanavano sempre di più dall'ignorante e accecato militante che ero stato. Mi sentivo quasi membro onorario dell'esiguo circolo dei frequentatori di testi bistrattati o misconosciuti dalla cultura egemone. E mi dava un gusto quasi carbonaro sapere di essere uno dei pochi iniziati ad aver letto davvero *Arcipelago Gulag* di Solgenitsin. Era diventata quasi un'ossessione: «L'hai letto Solgenitsin?» chiedevo a tutti, con una petulanza che oggi posso ammettere quanto fosse molesta. Le risposte erano di questo tenore: «C'è di meglio»; «Ma figurati»; «Che palle»; «Neanche morto»; «Cosa, quel mattone?»; «Adesso non venirmi a fare quello dei *nouveaux philosophes*». Insomma non l'aveva letto nessuno. Nemmeno mio padre, per la verità. Proprio nessuno, né a sinistra né a destra.

Ma che tutto questo potesse suonare come una minimizzazione del fascismo, questo no. Che il giudizio sul comunismo potesse diventare un luogo di incontro con mio padre fascista, neanche questo era possibile. Una volta, per esempio, mio padre, pensando di trovare ascolto, tentò la controffensiva ideologica e storiografica. E pretese addirittura di divincolarsi dal banco degli imputati per indossare la toga del giudice che soppesa le nefandezze commesse dagli altri, in questo caso dai suoi nemici. Una pretesa che il mio ardore inquisitorio considerava al tempo assolutamente inaccettabile. Mi chiese, quasi con aria canzonatoria, se fossi al corrente del fatto che nel Gulag di Stalin, prima torturati alla Lubjanka e poi deportati e ammazzati come cani, erano stati fatti fuori più comunisti italiani (alcune centinaia) che dal Tribunale speciale fascista, che in sedici anni di disonorata attività aveva irrogato non più di trentuno condanne a morte effettivamente eseguite.

Ne ero al corrente ma ne fui molto contrariato. E non perché, fattualmente e quantitativamente, non avesse ragione lui. E se non fosse stato per mio padre, avrei riflettuto su quelle incontrovertibili cifre, animato da tutta la disponibilità psicologica per accogliere quelle obiezioni sensate e tutt'altro che infondate. Però, niente: muro, cintura protettiva, barriera infrangibile. Mi indisponeva che quella considerazione venisse proprio da lui. Mi sembrava un espediente per minimizzare le sue colpe, per relativizzarle, per rendersi innocente con lo scudo delle turpitudini commesse dagli altri. In quella grossolana inquisizione che avevo allestito, lui era l'imputato, non un testimone neutrale. Lui e solo lui doveva pagare il conto.

Avevo ancora così pochi anni sulle spalle. Avevo una scarsa nozione della clessidra che, a poco a poco ma inesorabilmente, è condannata a svuotarsi. Credevo che ci sarebbe stato tanto tempo ancora per un atteggiamento più indulgente. E per capire, anziché ergermi presuntuosamente a paladino del bene e del male. Ero sicuro che la riconciliazione potesse attendere. Che il braccio di ferro potesse durare ancora un po'. Se avessi saputo che il tempo a nostra disposizione si stava invece crudelmente esaurendo, avrei sentito forse l'urgenza di una pace vera, di un nuovo incontro, di una spiegazione, di un riconoscimento reciproco. Un passo avanti che avrebbe dovuto fare lui, ma anch'io, insieme. Senza imputati, inquisitori, insolenze, rappresaglie, vendette. Ma non lo sapevo. Ed è finita troppo presto: anche questo non l'avevo considerato e capito.

IX

Addio alle armi

Lo stato d'animo politico di mio padre fascista, e la sua stessa salute fisica, cambiarono infatti drasticamente con la morte di Giorgio Almirante, nel 1988. Era venuto meno il suo punto di riferimento di sempre. L'amico che era stato il suo leader per decenni, all'opposizione o al governo del partito missino. Ma sempre insieme, camerati fraterni e inseparabili, anche se mio padre, come ho detto, non aveva voluto più proseguire sulla strada della politica attiva. Se n'era andato il figlio d'arte che – mio padre ci teneva a sottolinearlo ogni volta come ad applaudire la spettacolare performance di una star del palcoscenico – sapeva declamare a memoria interi canti della *Divina Commedia*. Se n'era andato l'oratore fascinoso («Ma come parla bene Almirante!») che gli avvocati borghesi e pacifici e di destra come mio padre andavano a sentire assieme alle loro consorti a piazza del Popolo, con rituale aperitivo da Rosati. Il «camerata di sventure», si dissero trascorrendo una giornata estiva di tanto tempo fa tra le montagne del Trentino, sul pratone davanti a una malga alpina dove è stata scattata una fotografia che ora è finita in chissà quale anfratto, o forse è sparita per sempre, in cui si vede Almirante accanto a un ragazzino con gli occhiali enormi, di nove o dieci anni al massimo, che tirava calci a un pallone. E quel ragazzino con gli occhiali enormi ero io.

Era morto l'uomo che rappresentava senza riserve il fascismo di mio padre. E perciò, morendo lui, anche il fascismo di mio padre aveva cominciato un po' a morire. Avevano avuto in passato due momenti di fortissima frizione. Il primo, quando Almirante nel 1974 si accodò tatticamente alla Dc nella campagna contro il divorzio, e mio padre, certo attaccato ai valori della famiglia e della tradizione, ma pur sempre laico e credente tutt'altro che clericale, ingoiò stoicamente quella scelta solo per amicizia e dedizione al partito di cui portava la tessera sin dalla fondazione. L'ho saputo origliando le sue telefonate, perché lui non avrebbe mai voluto smentire davanti agli altri, e soprattutto davanti a un figlio che gli si era messo contro, l'immagine di compattezza che la falange missina era obbligata a dare di sé. Il secondo quando il Msi s'imbarcò nella raccolta di firme per la pena di morte, che mio padre considerava un'oscenità, un cedimento disonorevole alla demagogia della forca. E lo disse, dissociandosi apertamente da quella iniziativa, ovviamente aggiungendo, forse per non apparire troppo vulnerabile alle lusinghe dei «vincitori», che l'Italia non avrebbe dovuto diventare come la detestata America (c'era sempre una ragione per dir male dell'America, anche se impugnava lo scudo anticomunista). Ma erano solo episodi. Parentesi di un rapporto che aveva retto in mille tempeste. Con la morte di Almirante, invece, un'intera epopea della vita di mio padre volgeva inesorabilmente al tramonto.

La sera di maggio in cui si tennero in simultanea, a piazza Navona, i due funerali di Almirante e di Pino Romualdi, mio padre volle disertare la cena con i suoi amici-camerati e mi chiese espressamente di accompagnarlo a mangiare una pizza nella solita trattoria a due passi da piazza Mazzini. Da soli. Possibilmente, anzi obbligatoriamente, in silenzio. O, comunque, lasciando tutto lo spazio necessario alla meditazione su di sé, alla tristezza infinita, al tormento che non voleva dargli requie. Fu la cena più silenziosa della mia vita, imbandita per rispettare un uomo ferito, mio padre fascista, che stava avviando suo malgrado, nel giorno del dolore, una resa dei conti con se stesso. E che quella sera voleva davanti a sé, più che un loquace commensale, un testimone taciturno. Taciturno, sì, ma purtroppo anche spaventosamente goffo, come al solito: perché la solennità della cena più silenziosa della mia vita fu deturpata dalla fragorosa caduta in terra della pesante caraffa colma d'acqua che mi era sfuggita dalle mani. Tutti gli avventori si girarono, messi in allarme dal fracasso. Tranne mio padre, che si limitò, lo sguardo abbassato, a un secco ma eloquentissimo gesto di disappunto.

Era stato un pomeriggio emotivamente molto intenso, sentimentalmente torrido. Sono sicuro, lo dicevano i suoi occhi arrossati, che mio padre fascista avesse pianto molto per la scomparsa di due colonne così decisive del suo mondo. Si erano trovati smarriti, in quella piazza stracolma di popolo missino oramai orfano, con i loro labari delle grandi occasioni, i gagliardetti, i saluti romani, i «Presente!» d'ordinanza nelle cerimonie funebri dei fascisti italiani. Con gli applausi interminabili alle bare sfiorate, toccate, accarezzate come tracce sacre da migliaia e migliaia di mani. Quella sera lo vidi stanco, sfiduciato, con l'aria frastornata e attonita di chi ora si sentiva veramente solo, con la sua comunità che si sbriciolava e un nuovo lessico che si imponeva, ma che lui non riusciva più a capire. O comunque ad amare come cosa sua. Come casa sua. Quella sera così triste voleva il silenzio, con uno dei suoi figli che gli tenesse un po' di discreta compagnia, invece di condividere tavolate rumorose di camerati in lacrime. Come se i legami di una vita si stessero improvvisamente sciogliendo. E una solidarietà che sembrava indistruttibile stesse venendo meno.

Da quel momento, e per i due anni che gli restavano da vivere, la passione politica di mio padre fascista si appannò fino a scemare. Uno svanire lento, ma con ritmi sempre più marcati, nella malinconia e nella percezione, venata di crescente mestizia, di una fine imminente. Non che si fossero offuscati i suoi ideali che l'avevano accompagnato sin dalla gioventù e che gli avevano procurato tanti dolori nel corso di un'intera esistenza. Ma dalle sue parole traspariva un senso di inconsolabile scoramento. Si era oramai insinuato in lui il sospetto che non ne valesse più tanto la pena. Che nella gerarchia delle cose importanti dell'esistenza la politica meritasse la retrocessione, o almeno lo scivolamento verso il fondo della classifica. Persino il crollo del muro di Berlino e il disfacimento del comunismo, del suo antagonista di sempre, non scossero più di tanto la sua crescente accidia politica. Il muro abbattuto gli aveva strappato un momentaneo sorriso, e persino un po' di commozione per un evento così importante e insperato. Ma quando la tv trasmise le immagini del dittatore Ceauşescu e di sua moglie Elena trucidati al termine di un processo farsa in Romania, con i cadaveri bene in vista per dare grandezza e spessore simbolico a un sinistro colpo di Stato mascherato da rivoluzione democratica, vidi mio padre scuotere la testa inorridito: «Così non si fa, così non si fa». Il suo viso mi apparve più pallido del solito e ancora più meccanico il gesto di succhiare nervosamente il tronchetto di liquirizia che aveva sostituito da qualche mese le migliaia di sigarette, proibite dopo l'infarto.

Erano giorni d'atmosfera natalizia, ne mancavano una manciata al 1990. Ma mio padre fascista, pur consapevole che il suo tempo su questa terra si stava inesorabilmente accorciando, per la prima volta dopo quarantatré anni ininterrotti si accingeva a non rinnovare la tessera del Msi, una creatura amatissima che gli era diventata irriconoscibile ed estranea dopo la sia pur effimera «vittoria dei rautiani» al congresso del partito. «Mi hanno deluso», così diceva. Morì qualche mese dopo senza la sua tessera di sempre, esibita per tutta la vita con orgoglio e simbolo di un'identità portata con fierezza. Senza il conforto della sua fiamma tricolore sempre accesa nel buio dell'esilio in Patria. Senza gli inni, le piazze da riempire, il giornale cui era abbonato sin dalla nascita. Senza le insegne che avevano dato senso e passione alla sua vita mai affrancata dal ricordo dei «giorni della sconfitta». Se qualcuno glielo avesse pronosticato soltanto due anni prima, o almeno fino ai giorni della scomparsa di Almirante, mio padre fascista non ci avrebbe creduto. Avrebbe pensato a uno scherzo, o forse, chissà, all'ennesimo infame tranello ordito dai «vincitori». Invece è andata proprio così. È sceso nella tomba, fascista come sempre, ma senza la tessera del suo mondo. «Mi hanno deluso.»

La malattia di mio padre, e lo sconforto in cui era precipitato quando gli venne diagnosticato il tumore che se lo sarebbe portato via in pochi mesi, esasperarono e portarono al limite estremo questo incipiente stato di apatia politica. Avevamo l'impressione che lui, sempre così prodigo nell'esibizione di una memoria maledetta, non volesse più conservare e trasmettere i ricordi del suo fascismo. Qualche volta accennava a un episodio, a un frammento della vita di tanti anni prima, a un incontro, a un litigio, e stavolta ero io, eravamo noi, a sollecitarlo, a incalzarlo, a cercare di strappargli dettagli, impressioni, immagini: «Dai, raccontacelo, papà». Ma lui no, non raccontava più le cose della politica, non ne aveva più voglia. Si era invertito il copione degli anni e dei mesi precedenti. Io chiedevo, domandavo, mi mostravo avido di particolari, e stavolta senza le durezze con cui ero partito alla guerra contro il mio padre fascista. Lui invece si sottraeva: non per scelta, ma per disinteresse, per disincanto, per stanchezza. Pensava ad altro. Si era ammorbidito. Il suo rancore se ne stava venendo via, ogni giorno di più. Ripercorreva le tappe della sua vita, non nascondeva gli errori commessi, rimpiangeva gli affetti perduti. Pensava a se stesso come padre. Faceva lunghe e lente passeggiate sul lungomare con mia sorella, come non ne aveva mai fatte. Non un padre fascista. Un padre.

E così lui per me: mio padre, senza specificazioni ulteriori. Vedendolo così avvilito, ma anche così disponibile e affettuoso, i mesi della sua malattia mi restituirono i tormenti non di mio padre fascista, ma di mio padre e basta. Mi commuoveva la sua voglia di vederci tutti attorno a lui mentre affrontava la prova più difficile. Più difficile dell'emarginazione, della messa al bando, del marchio d'infamia patito dal '45 in poi. La sua figura imponente e maestosa di quando ero piccolo si stava assottigliando sempre più, fino a diventare quasi diafana, ogni giorno più gracile e vulnerabile. Mi piace immaginare che ogni figlio maschio, esattamente come è capitato a me, possa rispecchiare la propria infanzia di bambino esile e con le spallucce sempre incurvate nel terrore di Franz Kafka splendidamente descritto nella *Lettera al padre*: «Bastava la tua corposità a opprimermi». «Tu vigoroso, grande, grosso» e io «uno scheletrino incespicante.» Ora, però, i ruoli si erano crudelmente invertiti. Ora lo «scheletrino incespicante» e bisognoso d'aiuto era lui, ricondotto alla sua fragilità creaturale come il re Lear detronizzato e messo a nudo dal tradimento beffardo delle figlie ingrate, privato oramai di tutti i segni di un potere che, al suo apice, sapeva incutere timore e trepidazione. Un re solo e debole, di fronte alla fine. E infatti mio padre, negli ultimi tempi, anche lui debole e sfibrato, aveva chissà come scoperto quella tragedia di Shakespeare che, diceva, gli stava facendo capire l'evanescenza di tutte le cose e l'importanza degli affetti che siamo stati incapaci di preservare, spendendo sbadatamente il tempo ad accanirci sulle piccole cose. Sull'«inessenziale della vita», disse una volta.

Per mesi il rito quotidiano dell'assunzione della cardioaspirina si era trasformato in un appuntamento miracolistico con una medicina che mio padre sperava fosse dotata di valenze taumaturgiche. Speranze vane. Le notti passate in clinica divennero sempre più agitate. Dovevamo restar svegli a turno e fare molta attenzione perché, nella frenesia malata e incontrollata dei suoi movimenti, lui non strappasse i fili della flebo che lo idratava. Era sempre più piccolo, minuscolo, come rinsecchito, le gambe bianche sempre più magre, il respiro ogni ora più affannoso. La sera prima di morire si risvegliò solo per un momento dal sopore profondo in cui era immerso. Aprì gli occhi con aria smarrita perché non capiva cosa fossero quei boati che venivano dalla strada, ed erano in realtà gli strombazzamenti per una vittoria dell'Italia ai Mondiali di calcio, mentre Gianna Nannini e Edoardo Bennato cantavano le loro «notti magiche». Poi il respiro, all'alba, diventò un rantolo. E poi tutto si fermò, e solo mia sorella Ludovica ebbe il coraggio di posare la mano sulla fronte di nostro padre oramai immobile. La sua vita terrena era finita. E mille domande importanti e decisive, non la solita farsa inquisitoria degli anni precedenti, mi sono rimaste in gola. Per sempre.

Cominciò per me un andirivieni di sentimenti contrastanti che sarebbe durato anni e stagioni, e che ricalcava alla lettera, senza molta originalità, i passaggi più scontati descritti nei manuali di psicoanalisi. La malattia e la morte di mio padre avevano azzerato tutta la tensione politica che ci aveva divisi, cancellando decenni di conflitti emotivamente spietati. Il corpo a corpo con cui ci eravamo dilaniati aveva perso ogni senso. E ora, anziché lasciarmi sprofondare nell'immobilismo depressivo del lutto, lo spezzarsi dello scudo protettivo incarnato da mio padre aveva finito addirittura per trasmettermi una smania nevrotica di fare, di agire, di realizzare, di concretizzare, di smetterla di recitare la parte dell'eterno studente, di uscire dalla condizione di un'adolescenza mentale protratta oltre ogni limite anagraficamente accettabile. Diventai più serio, cambiai giornale, mi venne naturale svestire i panni dello scapestrato inconcludente. Uscii per sempre dal ruolo del figlio, rivendicativo, petulante, perennemente bisognoso di cure e di comprensione.

La mia esistenza, emancipata dalla velleità di non dover crescere mai, si trasformò radicalmente. Da collezionatore seriale di grandi passioni sterili, di vagabondaggi amorosi e di fallimenti sentimentali, per la verità un po' compatito da mio padre e dal resto della mia famiglia, da single non felice ma quasi rassegnato a restarlo per sempre, mi ritrovai nel giro di una manciata di mesi marito e poi padre, meticoloso e responsabilizzato capofamiglia. Mi scoprii, senza nemmeno accorgermene, addirittura un po' adulto.

Questa coazione a fare, ad agire, a realizzare, mi impediva di ripiegarmi in me stesso e di rimuginare sul colpo che avevo subìto. Ma questa fuga dalla sofferenza non mi piaceva per niente. Per qualche anno, dopo la morte di mio padre, ho provato un senso di colpa lancinante per non aver versato tutte le lacrime che dovevano sgorgare copiose, e invece non riuscivano proprio a venir fuori. Sentivo il ronzio del dolore inespresso. Un dolore a bassa intensità. Persistente, vile, insinuante. Ma attutito, espulso dal centro dell'esistenza quotidiana. Temevo che fosse emerso il mio lato peggiore, e di cui non avevo mai avuto sentore prima di allora: crudelmente freddo, ingrato, anaffettivo. Mi sentivo in debito con mia madre, che certo cercavo di accudire amorevolmente insieme a mio fratello e alle mie sorelle, più presenti e premurosi di me. Ho patito un paio di notti in preda agli incubi: mica tanti, solo un paio su centinaia e centinaia. Qualche volta un luogo o una parola scappata via dal nostro «lessico famigliare» acuivano la nostalgia per un cosmo di affetti oramai sgretolato, dove la dolcezza del ricordo era resa aspra dall'irreparabilità di un addio. Poi basta, però. Non mi davo pace, sospettavo in me una vena di aridità che non conoscevo, o di cui ero totalmente inconsapevole. Volevo piangere ma, per quanti sforzi facessi, le mie emozioni restavano quasi a secco. Uno stato di apatia che mi sembrava non potesse esaurirsi mai.

Si esaurì invece, e fragorosamente, in uno scenario imprevedibile. A Fiuggi, nel gennaio del 1995, a più di quattro anni dalla morte di mio padre, durante il congresso di scioglimento del Msi, nientemeno. C'è quasi da vergognarsi un po' a confessarlo, ma il mio dolore esplose, incontenibile e purificatore, non già nella penombra della mia vita quotidiana. Non come immagino che capiti a tutti quelli che patiscono un lutto atroce. Non in silenzio, dietro il feretro di un padre che se ne va. No, deflagrò nel frastuono concitato e insanamente febbrile di un evento politico, in mezzo a persone che in quel momento non dicevano niente della vita e della morte, non parlavano a me, ma erano impegnate in attività che con il lutto non hanno niente a che vedere: un accavallarsi frenetico di mozioni, programmi, votazioni, scissioni, discorsi, applausi, fischi, tutti proiettati sulla superficie delle cose, irrilevanti per l'esistenza vera, tutti incentrati sulla formazione di correnti, maggioranze parlamentari, schieramenti, bipolarismi. I conti definitivi con mio padre, con mio padre fascista, non li ho saldati nel cuore della mia casa, ma nella grande sala di una manifestazione politica. Non in disparte, ma in un posto gremito di riflettori, di televisioni, di giornalisti, di delegazioni, addirittura con il messaggio di buon lavoro di un presidente della Repubblica. Non con la mia famiglia, con mia madre, ma con nomi conosciuti solo nelle cronache politiche, lontani da me, estranei. E, se miei coetanei, un tempo addirittura nemici.

Eppure fu lì, nelle terme di Fiuggi, in un luogo che evoca buona salute e perfetto equilibrio delle funzioni fisiologiche, che venne giù ogni argine: che scoppiai, come si dice. Perché lì stava morendo, con apposite e pompose cerimonie funebri, il mondo che per mio padre era stato l'ossigeno vitale. La cornice esistenziale dentro cui dare ordine e senso alla sconfitta che lo aveva lacerato per sempre. La comunità insieme umana e politica che gli aveva permesso di vivere per quarantacinque anni come un esule in Patria, e però non completamente solo, non completamente abbandonato, non completamente disperato come era nei giorni dell'internamento a Coltano. A Fiuggi venne giù tutto.

I giovani dirigenti che stavano sul palco erano abbastanza scossi ma, tutto sommato, appena fuori dal recinto infetto in cui erano stati confinati, facendo nascere Alleanza nazionale dalle ceneri del Movimento sociale si sentivano all'alba di una nuova, soddisfacente, gratificante, remunerativa stagione della loro vita personale, politica e ora addirittura ministeriale: chi l'avrebbe mai detto solo qualche anno prima. Morivano un po'. Ma per rinascere più felici, pronti allo sdoganamento, rimpannucciati per entrare trionfalmente, spesa qualche lacrima di prammatica, nel mondo della rispettabilità e del potere. Dicevano: stiamo abbandonando «la casa del padre». Dissero proprio così: «La casa del padre». Ma quella che per loro era una metafora, per me aveva un significato letterale. Si stava demolendo, come la fatiscente rovina di un tempo finito, la casa di mio padre. Ne sarebbe rimasto solo un mucchio di detriti. Fu questo per me, inviato a Fiuggi per il mio giornale, il vero funerale di mio padre fascista. Non di «mio padre e basta», come era avvenuto poco più di quattro anni prima, ma di «mio padre fascista». Era su questa particolarità speciale che si era formato il rapporto incandescente tra di noi. E forse doveva essere destino che incontrassi lì, a Fiuggi, il passaggio fondamentale che dovevo attraversare per rivivere il dolore definitivo della sua perdita.

Ma prima veniva il lavoro, la ragione per cui stavo lì, non certo per bere acqua minerale. Seguii il giorno dell'abbandono missino della «casa del padre» con impeccabile imperturbabilità professionale. Presi diligentemente gli appunti sul mio taccuino, seduto in tribuna stampa, accanto a sciami di colleghi giornalisti. Volevo annotare tutto, fornire un resoconto completo e preciso di quell'avvenimento così importante per la politica italiana. Osservai ogni dettaglio di una giornata che doveva diventare a suo modo storica per l'Italia, un partito che cambiava identità e buttava via come un ferrovecchio quella precedente. Presi nota di tutto: dei giochi di luce; dei volti dei capi storici del Msi, Almirante in testa ovviamente, che avevano fatto la storia di quel partito e che venivano proiettati su un gigantesco schermo per alimentare un effetto di santificazione. Non volevo perdermi niente di quella cronaca. I fazzoletti tirati fuori da chi era facile alla commozione. Gli applausi ritmati. I dirigenti con gli occhi umidi. La tensione fortissima. Le sediate con quelli che gridavano al «tradimento», ai «Badoglio» (un classico dell'iconografia congressuale dei missini). E poi i passaggi più significativi del discorso del leader. Le reazioni degli esponenti degli altri partiti convenuti alla cerimonia. Tutto appuntato, tutto trascritto. Con calma, forse con troppa calma, come sotto l'effetto di un blando narcotico.

Poi, sempre con calma, con ricercata e studiata calma, la telefonata con il giornale al quale dovevo mandare l'articolo. Per mettermi d'accordo sul taglio di cauta apertura, ma senza esagerare, come era nei canoni della correttezza politica. Con una fiducia magnanima, ma limitata e condizionata per questi fascisti, anzi «ex fascisti», o meglio ancora «postfascisti». Per accogliere, nel mezzo del casino affumicato della sala stampa, le indicazioni e le raccomandazioni previste: soppesare con estrema cura ogni parola; calibrare ogni giudizio per la prima pagina di un giornale rispettabile, del «giornale di Bobbio e Galante Garrone, mi raccomando». E quindi mettere insieme le solite frasi ben costruite e levigate della prudenza istituzionale di un commento istituzionale per un giornale istituzionale: «Bene... e tuttavia»; «Un primo passo... ma non ancora sufficiente»; «Una svolta... ma non tutti i dubbi sono stati fugati»; «Vedremo se alle parole seguiranno i fatti». Con calma ho scritto. Con calma ho inviato il pezzo. Sono andato a cena con i colleghi giornalisti, come è consuetudine in queste circostanze, scherzando e celiando su «er Pinguino» o «er Pecora», scelti a caso tra i protagonisti della nuova stagione postfascista. Ho mangiato con moderazione. Ho fumato con moderazione. Ho bevuto con moderazione. Ho scambiato chiacchiere con moderazione. Poi, era già tardi, sono entrato nella mia stanza d'albergo. Non sapevo cosa mi aspettasse oltrepassando quella porta: il luogo imprevisto dove stava per cominciare la notte dello strazio e della disperazione, la notte in cui la calma delle ore precedenti andò in fumo e mi misi mio malgrado a battagliare senza tregua con il fantasma di mio padre fascista.

Avevo il termometro con me: d'improvviso una febbre altissima, quasi quaranta gradi. I brividi mi squassavano, come mai mi era accaduto nella vita. Non bastavano il piumone e le coperte per arginare la sensazione di gelo. Battevo i denti in un modo quasi parodistico, come avevo visto soltanto nei cartoni animati. I conati di vomito sempre più violenti. Un'angoscia senza limiti. Un pianto interminabile, ore e ore senza pace, sgomento, esterrefatto per quel precipitare in un gorgo per me ignoto. La voglia poi soffocata di telefonare a Silvia e svegliarla in piena notte per riceverne un briciolo di consolazione: ma io non le avevo mai raccontato delle scazzottate con mio padre fascista. Soprattutto la voglia disperata e infantile di sentire la voce di mia madre, per dirle tra i singhiozzi irrefrenabili quanto mi sentissi solo come mai nella mia vita, solo come non pensavo che avrei potuto esserlo in quel modo quella notte. Per confessarle quanto stessi male, e quanto avessi bisogno di lei. Mi rannicchiavo nel letto come un bambino: che mi stava succedendo? Ero terrorizzato. Tutta la calma ostentata nelle ore precedenti, tutto il rigore del cronista distaccato si erano dissolti, bruciati da una febbre istantanea e implacabile. Non c'erano medicine per lenire la sofferenza. Le lacrime non finivano mai. Le ore della notte non passavano mai. Aspettavo solo l'alba, la luce di fuori, la liberazione, l'uscita da quella stanza in cui mi sentivo murato. Ma in tutte quelle ore, tra i brividi e la nausea, pensavo, rimuginavo. Rimuginavo e cercavo di capire, brevi bagliori in una notte buia e senza speranza. Non avrei mai immaginato, però, quanto sarebbe stata tremenda quell'angoscia che mi stava esplodendo dentro.

Cercavo disperatamente di capire. E intuivo solo di essere tormentato in quelle orribili ore notturne da un senso di pena insostenibile per il mondo di mio padre che si stava disintegrando. Per il suo esercito che si stava squagliando. Per quella desolata cerimonia di addio alle armi. Tutto quello per cui si era battuto, per cui aveva patito il dolore della sconfitta, i decenni della marginalità voluta come simbolo di fedeltà a se stesso, tutto veniva sepolto per decreto. I giorni dell'ira, del fuoco, della guerra erano il passato oramai da sotterrare, stavano perdendo ogni significato. Tutto il sangue versato, le atrocità compiute e subite: finito nel nulla.

Mi rattristava questo annichilimento così poco solenne, tra l'altro. Ma quel dolore sarebbe stato meno devastante per me se in quella notte di nausea, di febbre e di brividi non avessi avuto la sensazione che a perdere di senso c'era anche, e inscindibilmente, la guerra che io stesso avevo dichiarato a quel mondo. Il suo addio alle armi era anche il mio addio alle armi. Erano le cose sue che morivano, ma anche le mie. Su due fronti diversi, di due generazioni diverse, ma avevamo vissuto nello stesso universo di passioni. Il fascismo, l'antifascismo, il comunismo, la guerra fredda, il nazismo, la guerra civile, la Resistenza, il 25 aprile, il rosso e il nero: tutto questo risuonava forte per noi, per tutti e due insieme. Ma ora sentivo che ci eravamo scannati per cose che improvvisamente non esistevano più, andate in frantumi. Il corpo a corpo in cui ci eravamo lacerati apparteneva all'era giurassica. Ecco cosa ho patito in quella notte terribile: la fine del nostro mondo, la fine morale della cultura del dopoguerra, la fine delle ragioni che ci avevano divisi con un ardore intenso e distruttivo, e che ora mi sembravano davvero effimere, ridotte in polvere. Il mio era il dolore per mio padre, ma era anche un dolore egoistico. Pensavo a lui, ma anche a quella parte di me che veniva fatta a brandelli in una placida, quieta località termale: lo scenario meno adatto per un addio così straziante a tutta la sua vita, e a un pezzo tanto importante e decisivo della mia.

Contigua al campo di Coltano c'è la tenuta di San Rossore in cui mio padre in catene subì nel '45 la feroce umiliazione degli italiani e delle italiane che, mentre passava con i suoi camerati incolonnati, gli sputavano addosso e gli gridavano «canaglia fascista». San Rossore, a pochi chilometri dal centro di Pisa, oggi è un parco meraviglioso: qualche anno fa, insieme a Silvia, ci abbiamo accompagnato nostra figlia per il corso che le avrebbe dato il brevetto di istruttrice d'equitazione, ed erano distese di prati e boschi incantevoli. La vita va avanti, triturando con prepotenza tragedie e ricordi saturi di veleno. Dove c'era il filo spinato, oggi ci sono splendidi maneggi e floride fattorie. E non si sente più nemmeno l'eco angosciosa del campo di internamento dove fu recluso il nonno repubblichino di una nipote che ha cominciato a lavorare con i suoi cavalli adorati, ignara di tutto quel che era successo decine di anni prima, a due passi da lì.

Mentre nel resto di San Rossore, vasta tenuta presidenziale, la natura è rigogliosa e verdeggiante, a Coltano adesso c'è solo un immenso spazio desolato di erbaccia incolta, cespugli giallastri, terra secca e arsa dal sole. Dove 35.000 fascisti e il poeta Ezra Pound furono stipati in tende di fortuna e «gabbie del gorilla», oggi c'è solo squallore e abbandono. Un luogo dimenticato e apparentemente senza storia. A poca distanza, è stato installato da qualche tempo un campo rom che ha creato molte polemiche nella zona. Ogni anno, drappelli sempre più sparuti di reduci, con il basco e un paio di medaglie sul giaccone militare preso in un mercatino dell'usato, si radunano sotto un logoro gazebo per una messa in suffragio dei «camerati caduti con onore», celebrata da un prete che farnetica di un «cristianesimo imperiale» da restaurare a ogni costo. Su un lungo palo storto, una stinta bandiera tricolore con un'aquila al centro, simbolo della Repubblica sociale. Sotto, una piccola lapide provvisoria «in perenne ricordo» di ciò che accadde: provvisoria e mobile perché l'amministrazione comunale di sinistra fece rimuovere quella fissa, «priva di licenza edilizia», con relativo addebito delle spese ai promotori, che chissà se vivevano ancora.

La prigione fisica di mio padre fascista a Coltano non c'è più. Quella mentale e sentimentale che lo aveva tenuto in cattività per un'intera esistenza si è dissolta simbolicamente a Fiuggi. Lui forse non riusciva nemmeno a immaginare quanto in quella stessa prigione mentale si fossero formati i miei pensieri e i miei sentimenti, sia pur opposti ai suoi, e che respiravano la stessa aria. Ma io ho avuto la fortuna di assistere allo smantellamento di quelle mura. Lui, no. E non ha fatto in tempo a ripetere le ultime parole di re Lear a sua figlia Cordelia, con cui si era appena riunito in una riconciliazione che invece noi due non siamo mai riusciti a raggiungere quando lui era in vita ed eravamo ancora in tempo a siglarla: «Andiamo via. In prigione, noi due, là, soli, e canteremo come uccelli in gabbia. Quando tu a me chiederai la mia benedizione, e io a te, in ginocchio, chiederò il tuo perdono».

MISTO
Carta da fonti gestite
in maniera responsabile
FSC
www.fsc.org
FSC® C115118

S.I.A. SOCIETÀ ITALIANA DEGLI AUTORI ED EDITORI
SIAE
Aut. E 40/01/2016

Mondadori Libri S.p.A.

Questo volume è stato stampato
presso ELCOGRAF S.p.A.
Stabilimento - Cles (TN)

Stampato in Italia - Printed in Italy